ジャックと豆の木

創刊4号

JN128729

Kiki Sugino
008

Kimiko Yo
123

Elisa Yanagi
126

ジャックと豆の木【創刊第4号】

〝祭りと芸術〟映画祭を考える！

日本と海外の国際映画祭　その光と影

表紙絵＝はらだたけひで

燃えたぎる文化の座席

岩波ホールの50年、エキプ・ド・シネマの43年

耕し続ける文化の風土

映画文化の豊かな未来とは

“祭りと芸術”
映画祭を考える！
～日本と海外の国際映画祭・その光と影

映画祭とは、人と人の出会い、映画との出会いである。

そして、ひとりの人間の運命をも決定づける。

夢を求める理想と、商品として、ビジネスとして利益を追求する。

希望と欲望の華麗なる祝祭空間である映画祭には、光と影が交錯している。


映画は、なぜ「祭り」に向かっていくのか？

「祭り」の中で映画の芸術はどのように輝き、どんな失望を噛み締めているのだろうか？

映画にとって「祭り」の意義とは？ そして何を意味するのだろう。

映画祭はレッドカーペットだけではない。

その内実は劇的であり、まさに一篇の物語である。

写真：李鳳宇

華麗なる祝祭空間の光と影

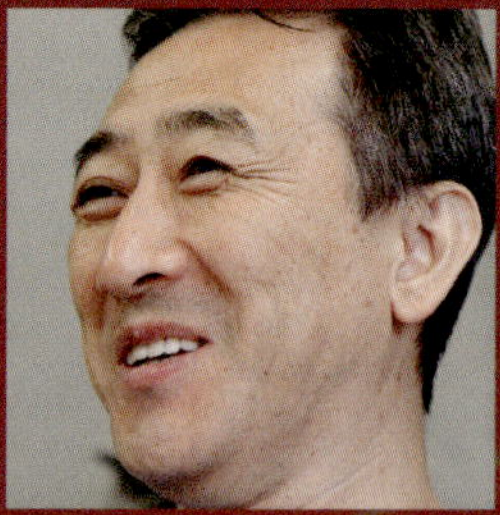

座談会

李鳳宇＋杉野希妃＋堀越謙三

司会＝石飛徳樹

取材＝小笠原正勝　文＝坂崎麻結　撮影＝助川祐樹

映画祭を考えると様々な思いが巡る。映画祭というメカニズムは映画と人間を巻き込みながら、光と影の果てしない物語の舞台を現していくようだ。映画プロデューサーの李鳳宇さん、女優、監督、プロデューサーの杉野希妃さん、ユーロスペース代表の堀越謙三さんに、朝日新聞の石飛徳樹さんの司会で縦横無尽に語っていただいた。

それぞれの映画祭との出会い

石飛　皆さんはそれぞれのやり方で映画祭を上手に使っていらっしゃるなという印象があります。映画祭というものをどのように考えているかを伺いつつ、まずは映画祭との出会いから教えていただけますか。

杉野　私は2005年の釜山国際映画祭に俳優として参加して、それが人生で最初の映画祭でした。韓国に留学中に『まぶしい一日』という韓国のオムニバス映画で俳優デビューして、それが運良く釜山映画祭に選ばれて行くことになったのです。驚きの体験でしたね。好きな韓国の監督に会えたらいいなと思っていたら本当にキム・ギドク監督と仲良くなれたし、いろいろな俳優さんがいらっしゃって。皆さんざっくばらんにパーティに参加して、屋台みたいなところで雑談しながら次の企画の話をしているのを目の当たりにして、映画祭自体が新しい映画を作る場なのだという印象で、すごく新鮮でした。今まで映画祭はレッドカーペットで華やかなドレスを着て前に出るというだけのものだと思っていたのが覆されて、いい経験でした。

李　僕は、最初というとやっぱりカンヌ国際映画祭でしょうか。1989年に今村昌平監督の『黒い雨』がカンヌに行ったとき。当時はフランス語ができる人が少なくて、僕が後年すごく世話になる孫《ソン》さんというパリに住んでいる通訳兼コーディネイターの方と一緒に行きました。当時はすでに自分で映画を手がけていたのですが、最初の映画祭はお手伝いだったんです。その前にも87年か88年だったかな、『潤の街』という映画がカンヌの監督週間に出て、それも手伝いで行きました。自分の映画を出品したのは、『月はどっちに出ている』をベルリン国際映画祭に持っていったのが最初で、94年です。その後は作る映画によってベネチアやカンヌなど様々な映画祭に出品しました。釜山国際映画祭では諮問委員を務めていたので、出品する側と、映画祭の運営側のどちらもやった記憶があります。

堀越　僕の話は古すぎますが、1977年に「ドイツ新作映画祭」というものを開催しました。戦後、ドイツ映画というのはまったく日本に入ってきていなかった。それでドイツに探しに行って、ヴィム・ヴェンダースやライナー・ヴェルナー・ファスビンダーやヴェルナー・ヘルツォークなどを5本選んで帰ってきて、お金がないから自分で字幕をつけて日本で上映したというのが映画を見せる側に立った最初です。ドイツ映画を買いに来るような日本人はいないので、ベルリン国際映画祭に招待してくれたのです。それがおそらく81年か82年で、初めての海外の映画祭でしたね。寒くて暗くてねえ、ベルリン映画祭には日本人なんて当時は誰もいないですよ。僕はお金も実績もない個人の配給会社でしたから、とてもカンヌなんか行けたものじゃないわけですよ、そんな華やかなところへ（笑）。

李　確かに、ベルリンを今思い返したら、ヨーロピアン・フィルム・マーケットは見やすかったですね。一か所だったし、商談も中心にあったカフェのようなところでやってね。赤いオレンジジュースを飲みながら何本か（作品を）買った記憶があります。

東京と海外の映画祭に思うこと

堀越　05年の釜山国際映画祭は、まだ浜辺でやっていた頃ですよね？ 上映が終わると俳優が浜辺のステージに立って一般のお客さんの声援に応えていた。それが楽しみでソウルから若い人たちが多勢来るわけじゃないですか。東京国際映画祭だってBunkamuraの裏のバルコニーなどでやればいいのにと言っていたのだけどね。

杉野　韓国の映画祭って、客層が全然違いますよね。

堀越　釜山は映画ファンが作った映画祭。映画祭には、国とか公共機関が作る映画祭と、観客が自分たちで作る映画祭があるのです。特に韓国は、当時いろいろと規制があって観られない映画が多かったし、日本映画も絶対に観られなかった。この子たちが映画祭をやるの？というような、20代の若者たちが韓国からやって来て、どうやったら映画が集まるのかとか、そういう質問から始まった。香港国際映画祭も映画好きが作った映画祭です。だんだん規模が大きくなってくると、国がそれに乗ってくる。釜山はその典型ですね、初期は相当お上から批判されていました。戦後初めて釜山国際映画祭で日本映画が上映されたのは、北野武の『HANA－BI』だよね。それも観客が作った映画祭だからこそ許されたというところがあります。国が作った映画祭だったら許されてなかったと思いますよ。

杉野　国民全体の飢餓感みたいなものが、そういうことを駆り立てたのかもしれないですね。

堀越　東京は完全に追い越されちゃった（笑）。

石飛　やっぱり東京は上から作ったから、現状のようになっているのでしょうか。

堀越　そう、嫌々ね（笑）。東京都と経産省と、初代ゼネラル・プロデューサーの徳間康快さんが民間から寄付を集めて映画祭を作りましょうと。ただ、徳間さん本人はもう少しアジア中心の映画祭にしたいと言っていました。もともと中国映画祭を何十年もポケットマネーでやってきた人ですから。それが、行政の意向で世界のトップクラスの映画祭に、と頑張っているうちに釜山映画祭に追い越されてしまった。アジアのリーダーになるということに対して上層部が重点を置いていなかったのですね。

石飛　僕の印象では、最初は日本が調子いい時期だったこともあって、お金をドーンと使って派手だけど中身がないと言われていたように思うのです。

李　賞金も世界一でしたよね。

堀越　一千万円だったかな。第一回は『台風クラブ』の相米慎二監督が獲りましたね。

石飛　それなのに今はお金がないということになって、今度は地味だと批判されている。もう何をしても批判されるのですね（笑）。

堀越　カンヌだって一円も出さないけどね（笑）。逆に権威がないから金を出すのですよ。飛行機代も全部出してジャーナリストたちを東京に呼んでいましたからね。僕の友達も喜んでいっぱい来ていましたよ。「俺を推薦してくれ」といろいろな人に言われました。

石飛　最初は誰にも知られていない映画祭ですから、招待する形でもいいと思うのですよ。でも、それがなぜ定着しなかったのだろうなって。

堀越　当時の人は映画がどう流通しているかというのを本当には理解していなかったのではないかな。日本も、最近の人たちのノウハウはすごいですけど、最初の頃はみんなわからなかった。今もそうかもしれないですけどね。

杉野　私が思うのは、いまだにマーケットの広告代理店感がすごいということ。それを否定しているわけではなく、映画は映画なのだからもうちょっと作品にもフォーカスすればいいのに、お台場で何かよくわからないことをやっている。映画が「コンテンツ」という感じになっています。海外の友人に「東京国際映画祭で会おうね」と言っても、みんな釜山に行くから東京には行かないと言われてしまう。釜山のマーケットが充実しているから、東京に行く意味がないと思われて、そこで終わってしまうのがすごくもったいないと思うのです。そこが一部でしか盛り上がらない原因かなと。

李　「コンテンツマーケット」って言うと、やっぱり引いちゃうよね。映画をコンテンツって言われてしまうと、いやそうじゃないからって。でも、それは映画だけじゃなくて、ゲームを作っている人だってコンテンツとは思っていないですよね。ゲームはゲームだと思っているし、映画は映画だと思っているから。それを一緒くたに経産省が「コンテンツマーケット」と言うと、みんなぼんやりしてしまう。それでお台場とか池袋ってなると、自分たちが行く場所じゃないのかなと思ってしまう。二重三重につらいですね。

堀越　日本で映画をビデオソフトと言い出したのはギャガの創業者の藤村哲哉さんが最初で、映画業界から大変な反撥を喰らっていた。コンテンツという言い方はそれとすごく似ていますね。映画祭の要素には、まずは映画の上映、コンペと

ケソン国際映画祭（フィリピン）授賞式［2017.10.26］

パリの空港にて

1994年カンヌ国際映画祭

テラスから望むカンヌの旧市街

2016年カンヌ審査員会見（右から2人目：ドナルド・サザーランド）

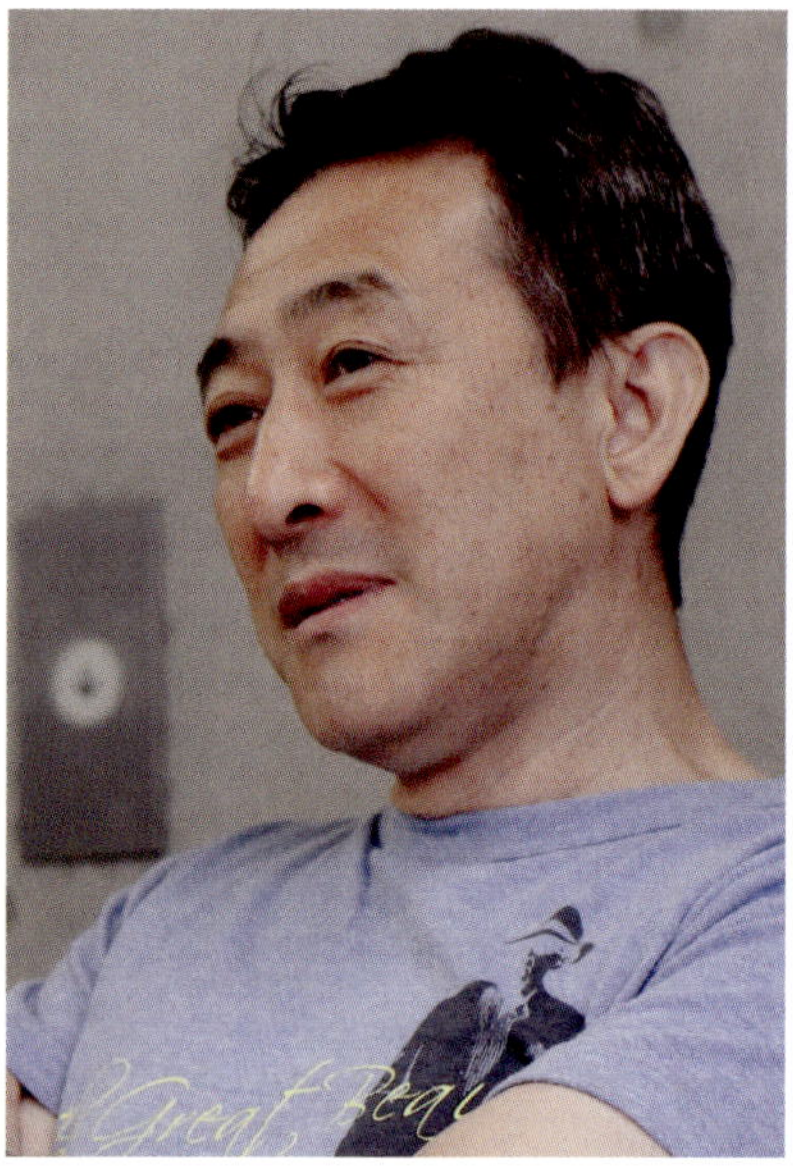

李鳳宇（り・ぼんう）／映画プロデューサー

1960年、京都府生まれ。映画製作配給会社である株式会社マンシーズ・エンターテイメントCOO兼株式会社レスペ顧問。朝鮮大学校外国語学部フランス語学科卒業後、パリに留学。帰国後、徳間ジャパンにて3年間の勤務を経て、1989年に映画配給会社シネカノンを設立。ヨーロッパ、アジアを中心に世界中の作品180本以上の配給を手がけた。1992年には『月はどっちに出ている』を初プロデュースし、キネマ旬報ベストワンなど国内外で多数の賞を受賞。おもなプロデュース作に『パッチギ!』『ゲロッパ!』『フラガール』など。2011年2月、シネカノンの民事再生手続き申し立てにより代表を辞任。2012年、映画製作会社SUMOMO（現・株式会社レスペ）を設立。映画の製作や配給のみならず、移動式映画館「MoMO」など、映画の楽しさを広めるための活動にも力を注いでいる。映画界への貢献が評価され、第29回日本アカデミー賞協会特別賞、第16回淀川長治賞などを受賞。

レトロスペクティブがあり、マーケットがあって、今は企画マーケットもやったりしていますね。それからプログラムというこの4つが揃っているのが一流の証です。プログラムというのは教育プログラムであったり、新しい機材に関するセミナーであったり、アカデミックな情報やその周辺の人たちとの交流の場。この要素がすべて揃っていることが大事なのです。東京国際映画祭もかたちは立派に整ってきました。あとはいかに「重要な映画祭」と評価されるか、ですね。企画マーケットは、サイモン・フィールドがロッテルダム国際映画祭で開催したのが最初。90年代だったと思います。その直後に映画コーディネーターのポール・イという人がアジアで最初に釜山で始めました。

李　ポール・イは在米韓国人ですね。彼はある監督の企画開発みたいなことをお手伝いしていて、一時期は釜山国際映画祭のマーケット部門のボスをやっていました。その後は顧問みたいな立場になった。彼は優秀だし、映画祭に適した面白い男でしたよ。これは言っちゃいけないのかもしれないけど、彼は同性愛者ということもあって、映画祭で成功する資質があるのです。

杉野　映画祭の関係者にはLGBTの方が多いですよね。どうしてでしょうか?

堀越　なぜかというと、あんなに一年中いろいろな映画祭を回っていたら、家族を持てないからですよ（笑）。その理由が半分以上じゃないかと思う。もちろん全員がそうというわけではないけど。

杉野　なるほど。プログラマーにすごく多いなと思っていて、ずっと疑問だったのです。

堀越　今日一番の収穫でしょう（笑）。それは本人たちが言っていたのですよ、この生活では家庭は持てないよと。一年間で200日は映画祭に行っているという日々です。そうやって飛び回ってないと、いいディレクターにはなれない。彼らもより大きな映画祭へと出世していくわけですから。

杉野　「映画祭とLGBT」というのは面白いテーマかもしれません。

堀越　彼らのネットワークというのがあるし、キュレーションはビジネスではないので、彼らの高い美意識が映画を選ばせるには向いている。基本的に彼らは権威主義的ではないし。

映画祭にとってのスターとは

李　2年くらい前かな、カンヌで「カンパイナイト」という経産省が主催のパーティがあったんです。各国の映画関係者を集めて、寿司を出して獺祭を飲もう、というようなもの。グランドホテルの庭にスペースを囲って開かれたんです。庭は広いけれど、囲っちゃうと狭いんですよ。でも招待状を出した人が千人くらいいるから、たくさん集まっちゃって全然入れない。しかも来ている人が7割くらい日本人なんです。入ったらもう動けなくて寿司があるところまで誰もたどり着けない（笑）。加えて経産省だから、日本のパーティで乾杯というので、くまモンが出て来たんです。これにはさすがに驚きました。

堀越　昔はね、もう知っている人がいないかもしれないけど、カンヌで東宝東和のパーティがあったのです。川喜多かしこさんがパリから寿司職人を連れてきて、それがカンヌで最大の人気パーティだった。

李　それを10年ほど前にやめたのですよ。集まるのが日本人ばっかりになっちゃった。群れて交流をしなくなっちゃうから、あれはよくないですね。

堀越　大島渚の『戦場のメリークリスマス』の頃はまだ寿司パーティがありましたよね。僕はその年がはじめてのカンヌでした。

石飛　どんな感じだったのですか？

堀越　いやあ、とんでもなかったですよ。大島渚と山本寛斎ですからね。二人が大人しくしていればグランプリを獲れたのにと（笑）。関係者全員が山本寛斎がデザインした「THE OSHIMA GANG」と書いてあるTシャツを着て大騒ぎしている。おっかない頃の大島さんですから、誰も注意できない。あれで反感買っちゃってね、それまでは誰に聞いてもグランプリだと言っていましたから。それから、今じゃもう知らない人も多いけど、『楢山節考』でグランプリをとった今村昌平さんはカンヌに行きませんでした。主演の坂本スミ子が代わりにトロフィーを持って意気揚々と成田空港に帰ってきて、報道陣に映画について聞かれると思ったら、直前に報道が出て大麻使用で逮捕されちゃった。そういう事件がありました。やっぱり昔の人はすごいよね、大島さんしかり。日本人にとってカンヌ映画祭といえば、という出来事ですよ。

李　当時はそういうことで上映中止というのもなかったですもんね。今だったら自主規制になってしまうのでしょうけど。

石飛　あれはすごかったですね。大島さんも。今あそこまで自信を持ってグランプリを獲りに行く人はいないですよ。

堀越　やっぱり大島さんはスターでしたよ。そういう自分の見せ方も含めて、髙野悦子さんと川喜多かしこさんに教わったと言っていました。「パーティでものを食べていたら髙野さんにものすごく怒られたことがある」と。スターは人前でものを食べちゃダメだ！と言われたらしいです。そういうところからある種の帝王学を学んでいる。

杉野　自分をプロデュースするということですね。

堀越　そうそう。当時の人はそういう強さがありましたね。それはカンヌに行こうがどこに行こうが、怯まないということ。慣れるまではみんなオドオドするものですけど、あの世代は最初から怯まない。

杉野　勉強になります。

李　真似しちゃダメだけどね（笑）。

堀越　いや、スターというのは空虚さも含めてそういうこともやらないと。

石飛徳樹（いしとび・のりき）／朝日新聞編集委員

1960年、大阪市生まれ。神戸大学法学部卒業。大学時代は、大阪・キタにかつてあった名画座の大毎地下劇場に通いつめ、「大阪映画サークル」紙などに映画評をせっせと投稿していた。84年、朝日新聞社に入社して上京。校閲部、前橋支局などを経て、95年から学芸部に所属し、テレビ、書評、映画などの分野を担当。朝日新聞紙面以外に、キネマ旬報誌に10年余り「テレビ時評」を連載した。そのほか、さまざまなメディアで映画やドラマにまつわるインタビュー、対談、批評、司会などを手がけている。著書に、名古屋本社版に毎週書いていた映画評を集めた「名古屋で書いた映画評150本」（2005年、徳間書店刊）がある。

石飛　我々としては映画界にスターが欲しいですね。記事も大きくなるし、作品に注目も集まりますし。
堀越　洗練されてしまうとスターでなくなってしまうのですよね。スターは少しダサいくらいじゃないと。映画祭の話と全然関係なくなっちゃったけど（笑）。

映画祭をどう活用するか

石飛　杉野さんは映画祭をどのように捉えていますか？
杉野　出会いの場というか、人脈づくりが大切だと思います。基本的に俳優か監督として招待されることが多いのですが、ディレクターに良い作品を聞いて、映画を観て、好きだなと思った監督にコンタクトを取ってみるとか。自分の上映をプレゼンするだけではなくて、そこからどうやって新しい作品を作っていけるかという戦いの場です。いつも事前にどういう監督がゲストに来られてどういう作品が上映されるかというのはチェックして、この人とこの人に会いたい！とイメージして臨みます。
堀越　それはプロデューサーではなく監督に会うということ？
杉野　そうですね。まず監督に会って仲良くなり、それからプロデューサーを紹介してもらうことも。いいと思った監督さんにはいつか出演したいという意思を伝えることもあります。俳優としても。企画マーケットに行くことも多いので、そこで同志みたいな人と出会い、自分の作品をプレゼンしに来ているのに、逆に私が関われることはないか聞いたり（笑）。
石飛　去年は東京国際のコンペにも出られていましたけれど、コンペに自分の作品を出すというのは杉野さんにとってどんな意味がありますか？　コンペって作品を競わされるじゃないですか。
杉野　それこそ朝日新聞の星取表を見てショックを受けることもあります。
石飛　去年、朝日でコンペの星取表をやったんですが、杉野監督の『雪女』の点数が低かった。すみません（笑）。
杉野　いえいえ、勉強になります。本当に勉強させられる場です。評価というよりは、どう発展させていけるかというのが一番なので、起爆剤にできればと思っています。映画祭のために作品を作っているわけではないので、引っかかったらうれしいという感じ。コンペで競い合っている監督さんや俳優さんと仲良くなって、作品の感想が聞けるのも刺激になります。
石飛　映画祭では比較や批判をされるじゃないですか。一昨年のカンヌでガス・ヴァン・サントの『追憶の森』がすごく叩かれていましたが、そういう事態になりかねないというのは嫌ではないですか？
杉野　私は全然嫌じゃないです。自分の作品に

杉野希妃（すぎの・きき）／女優・監督
2005年、慶應義塾大学在学中に留学した韓国で映画デビューし、『絶対の愛』（キム・ギドク監督）にも出演。08年から映画製作にも乗り出し、主演兼プロデュースした『歓待』（10）が第23回東京国際映画祭日本映画・ある視点部門作品賞などを受賞。その他、出演兼プロデュース作は『ほとりの朔子』（13）、『3泊4日、5時の鐘』（14）他多数。14年の監督第1作『マンガ肉と僕』は東京国際映画祭、エディンバラ国際映画祭などで上映。第2作『欲動』は釜山国際映画祭のAsia Star Awards新人監督賞を受賞。17年に公開された監督主演作『雪女』は第29回東京国際映画祭コンペティション部門に選出。出演作『ユキとの写真』（ラチェザー・アブラモフ監督）と『海の底からモナムール』（ロナン・ジル監督）が公開待機中。

はどこか自分自身で悔しさが常にあるものなので、批判されることに対して嫌悪感というのは全くないです。言われることもある意味分かりますという気持ちもあるので。

李　でも、分かりますと言わない方がいいですよ。というのは、僕も理解はできるけれど一緒に映画を作った人たちにとってよくないのです。スタッフや俳優に対して間接的にチームを批判することになるから、絶対言っちゃダメなのですよ。

杉野　ああ、それはそうですね。

堀越　映画を作ると、しまったと思うことが3本に1本くらいあります。でもそれを耐えてとにかく作品を褒め続けるのがプロデューサーなのですよね。自分に対する評価を下げないために作品をけなすプロデューサーもけっこういるのだけど、あれはご法度なのですよ。

石飛　なるほど。しまったと思っても言ってはいけないのですね。

李　みんな思っているけどね、プロだから。でも代表者は特に言ってはダメなのです。

堀越　日本では映画批評も悪く言うことが少ないですよね。嫌いなものはまず書かないでしょう。宣伝マンも、気に入ったら書いてくれと言う。海外はそうではない。批評家はけなすのも仕事です。日本には批評風土がないのですよ。けなしたらライターがもう仕事をもらえません。

石飛　そうなってしまっていますね。

堀越　しかしコンペというものは、作り手にとってモチベーションになるじゃないですか。映画の興行以外で、お披露目のような形でまず観てもらい、それで賞を獲れれば商業的な付加価値も付くし、カンヌに出る作品となると盛り上がりますから。企画した段階からカンヌ映画祭のコンペへの出品が決まる監督というのが世界に2、30人いるわけですよ。作品の良し悪しは別にして、どの映画祭もその監督を奪い合っている。

石飛　いい作品ができたから映画祭に出そう、という順番ではもう間に合わないということですね。

堀越　それにいくらいい映画でも、予算が少ないとカンヌのコンペに出しても受賞は難しい。20年に1回くらい事件のようにそういう作品が賞を獲ることはありますけれど、それを前提にはできない。監督が新人ならばロッテルダムやサンダンス、あるいはロカルノなど、新人発掘を特徴としている映画祭があって、ちゃんとしたディレクターがいます。

石飛　カンヌやベルリン、ベネチアは、日本映画のいい作品をちゃんと探しているのかなという疑問があります。この20年くらい、コンペに出る監督が同じメンバーです。北野、黒沢、是枝、河瀬で4Kと呼ばれているそうですよ。

李　探してないですよね。そういう努力はしないです。

堀越　なぜそうなったかと言うと、カンヌとかベルリンで言えば、映画祭側が直接選ぶようになってきたのです。その前は全然事情が分からないから、「今年は何かいいものはない?」と日本の友人たちに聞いていた。そこで何人か推薦

堀越謙三（ほりこし・けんぞう）
／ユーロスペース代表

1977年に日本に初めてヴィム・ヴェンダース、R.W.ファスビンダーらを紹介する「ドイツ新作映画祭」を開催、自主上映・配給活動を開始。83年渋谷に「ユーロスペース」を開館。以来クローネンバーグ、カウリスマキ、トリアー、張芸謀、アルモドヴァル、蔡明亮ら新しい才能を日本に配給。91年から映画製作、海外との共同製作を手がける。主な作品はW.ワン『スモーク』、L.カラックス『ポーラX』、F.オゾン『まぼろし』、黒沢清『大いなる幻影』、そしてA.キアロスタミの遺作『ライク・サムワン・イン・ラブ』など。97年にアテネ・フランセ文化センターと「映画美学校」を設立、その後東京芸術大学映像研究科の立ち上げを主導、2013年まで教授を務める。

して、川喜多映画記念財団で試写を回して決定は向こうがしていました。だから何人かの日本人が推薦することで割と多様な作品が出ていたのだけど、今はもう監督がブランド化してしまって、是枝さんや武さんといった数人の監督を奪い合う形になってしまったので、情報の取り方が変わりました。

李　それに、フランスとの合作にすればCNC（フランス国立映画センター）からお金がもらえるし、カンヌにも出しやすくなるから、合作映画が続いていますよね。それが日本人にとって面白いのかというと、あまり興味を持てないんですよ。映画が面白いかどうかとは別の問題になっている気がします。昔は面白い映画がカンヌに出たり賞を獲ったりしましたが、今はそうではない。カンヌで評価される映画と面白い映画がどんどん乖離してしまって、映画ファンにとってもピンとこなくて、権威が落ちてしまう。最近は映画祭の権威が失墜していると思います。他の映画祭もそうですけれど、特にカンヌはもうミシュランと同じだなと思います。だって三ツ星とったレストランが美味いかというと、高いだけであんまり美味しくないんですよね。

堀越　お客に向けて力を注ぎたいと言って星を返上したら、ものすごい波紋をおこしたシェフもいたね。

李　映画監督だってプロデューサーだって、自分たちが出会いたい観客がいるわけじゃないですか。そういう人を蔑ろにして、カンヌの審査員に見せるために映画を作ってしまったら終わりですよね。誰を喜ばせているのか、何のために映画を作っているのかということになりますから。これは昔から考えていることだけど、特に最近感じるんです。若いプロデューサーに会って夢は？と聞くと、カンヌに行くことです、と。何かが間違っていると思うんですよ。だって日本で評価されて、その延長線上にカンヌがある筈ですから。インターナショナルはドメスティックの延長にある。そういうこともう少し自覚してくれないと。だって昔の大監督はみんな日本で評価されていましたよ。世界の大監督は日本でも大監督です。だから海外だけで大監督というのは、それは嘘なのですよね。

杉野　私も最近、多くの映画祭に参加している若手監督の上映とトークショーに行ったのです。そのときに監督が言っていたのが、「自分は映画祭に行きたかったからこの作品を作った」と。こういうタイプの日本映画は映画祭で見ないから、おそらくこういう作品が引っかかると思って作りましたとおっしゃっていました。その理由には少し虚しくなってしまって。映画を観たときもどこか違和感があったのですが、その違和感はこれだったのかなと思った瞬間でした。

李　先ほどの合作の話ではないですが、上映においては、日本映画をパリやロンドンで公開したら、経産省がその配給会社にお金をあげるというイタリアみたいなシステムを作ってほしいです。上映支援をしてほしいですね。そうしたら日本映画をもっと買う人が増えるし。そういうところからスタートしないと。

堀越　予算がなくなって最近終わってしまったのだけど、以前はEUの映画を上映すると劇場に助成金が落ちるという仕組みがありました。それもひとつの方策ですね。

国内のいくつかの映画祭について

石飛　このメンバーですから海外の映画祭の話になりましたが、国内の映画祭に行かれることもあるのではないでしょうか?

李　国内だと湯布院映画祭と山形国際ドキュメンタリー映画祭は行きます。湯布院みたいな形はいいですね。邦画をしっかりやっているし、コンペがない代わりにより厳しい討論会があるけれど、温泉にも入れるし。やっぱり目的がはっきりしている映画祭の方がいいと思いますね。好きな映画祭っていうとそういうところに惹かれます。昔ならビアリッツやクレルモン・フェランのような。

堀越　ボクも山形へはなるべく行くようにしています。後はイベントなどに招待された映画祭くらいでしょうか。

李　以前、熱海の大きな観光ホテルの社長さんから呼ばれて、「熱海で韓国映画祭をやってくれませんか」と提案されたことがあるんです。ペ・ヨンジュンを連れてくればファンが一万人集まるからと。町おこしとしてはそれがベストだから、「李さん、ペ・ヨンジュンいくらかかるの?」って話になって(笑)。でも映画祭をやるということは、映画館が必要なのですよ、と。熱海には今はもう映画館がないから、どうやってやるのか聞いたら、「ストリップ劇場かなあ」って。ストリップ劇場じゃペ・ヨンジュンもファンも来ないですよ(笑)。熱海にも当然公民館があるんですが、駅からかなり遠い。そうなると難しくて、とにかく映画を上映する場所がないんです。ホテルの大広間とかでやるのもどうかなあと、結論が出なくて止めてしまったんです。でもあとで冷静に考えてみたら、熱海で映画祭という発想は素晴らしいと思ったのですよ。海沿いですしね、映画館さえ2つ3つあればいい映画祭になる。何よりも来る人が楽しいじゃないですか。だから東京でやるよりもよほど映画祭らしいと思う。

堀越　僕も、徳間さんにはずっと熱海を推薦していました。新幹線で近いし。だってなぜカンヌ映画祭の会場があそこかというとフランスの熱海だからですよ。ああいう小さい街でやると街じゅうが映画祭になって、知っている俳優が普通にそこらへんを歩いていて、声かけられるというのがいちばんのメリットです。東京国際映画祭って開催されていることに街の人が気付かないじゃないですか。昔、渋谷でやっていた頃のほうがまだよかったですよね。

海外の面白い映画祭に学ぶこと

石飛　カウリスマキがソダンキュラ映画祭という

のをやっていますね。これはどんなものですか?
堀越　ああ、フィンランドの北極圏のね。招待されて一回行きましたよ。白夜映画祭、ミッドナイトサンフィルムフェスティバル。ですから日没がないのだけど、夜は零下30度くらい、昼間でも最高気温が10度以下。それに映画館が一館もないんですよ。石油ストーブをたくさん並べたテントの中で観るんだけど、白夜だからうっすら明るいんです。今は違うみたいだけど、最初はカウリスマキ本人が全部やっていて、完全に彼のセレクションでした。ゲストを一人だけ特集で呼ぶのだけど、今は誰も知らないような50年代のスターとかね、そういう渋い人を連れてくるんですよ。ホテルもほとんどなくて、湖のほとりにある民宿みたいなヴィラに泊まって、本格的なサウナに入って湖に飛び込む(笑)。そういうことをしながら映画を観るというね。
李　そういう映画祭はいいですね。トライベッカ映画祭もそうですもんね。僕が今まで行った映画祭で一番いいなと思ったのは、ビアリッツ映画祭ですね。ビアリッツは、フランスでもっともスペイン寄りのバスクの街です。サン・セバスティアンに最も近い空港で、ビルバオよりも近いんです。普通はビルバオからサン・セバスティアンに行きますが、実は陸路はビアリッツのほうが近い。ビアリッツ映画祭はフランスですが、かかる映画が全部スペイン語なんですよ。スペイン語圏の映画だけを集めた映画祭なのです。だから歴代でグランプリを獲った映画はスペイン映画もあるし、キューバ映画もあるんですね。そうするとキューバの人も来るじゃないですか。だからスペイン語圏の国の人たちの憩いの場みたいになっていて、行くとラテン系だから夜とかすごいですよね(笑)。サン・セバスティアンが近いから、飯は美味いし、みんな歌っているし、最高の映画祭だと思いました。映画なんか観ていられないくらい。07年を最後にサン・セバスティアン国際映画祭に吸収されて一部門になってしまったけれど、ああいう映画祭がいいなと思いますね。
石飛　めちゃくちゃ楽しそうですね。サン・セバスティアン国際映画祭もすごくいいと聞いています。
李　サン・セバスティアンはバル巡りだけで楽しいですよ。今ある映画祭だとあそこがいちばん楽しいのではないでしょうか。映画なんか買わなくても、だんぜん楽しいですよ(笑)。
石飛　3年前に杉野さんと一緒にモロッコのマラケシュ国際映画祭に行きましたけど、あそこも面白かったですね。
杉野　あそこはとにかくお金を使う映画祭で、私が行ったときは日本特集だったので日本のゲストを30人くらい呼んでいました。審査員としてイザベル・ユペールらが来ていましたね。会場も広くて、みんなでクスクスを食べて楽しむという。
石飛　すごいメンバーを呼んでいるにも関わらず、ほとんどの人が一言も発してないのですよ。舞台に上がっただけ。
杉野　そう、Q&Aもないですよね。レッドカーペットを歩いて写真を撮るだけなので、そこがちょっともったいないなと感じました。
石飛　それぞれの監督の作品を上映しているのですが、そこにも呼ばれず、舞台挨拶も何もなく。
杉野　ただクスクスを食べて帰る、みたいな。
堀越　まあそういうのも大事ですよね。でも、終わった後にみんなが集まる適当なカフェみたいなところが何軒かないと映画祭って面白くない。東京国際も渋谷でやっていた頃はBunkamuraの近くのカフェを借り切ったりしていたけれど。カンヌでも何か所かあって、こういう映画の傾向の人はここに集まるとかが決まっていて、そこに行けばだいたい会えるというのがいい。
石飛　東京でやると我々にとっては日常で、六本木に来てまたすぐ会社に帰ってということになる。祝祭感が全然ないのですよね。
堀越　熱海でやってほしいよね。非日常を楽しみたいわけだから。地方創生と何かを引っ掛ければできそうだけど。
李　結論は東京じゃダメだってことかもしれないですね(笑)。

[2017年10月4日　渋谷ユーロスペースにて]

映画祭の歴史的展開、その後の現在を見つめる！
〜PFF ぴあフィルムフェスティバルの活動を見据えて〜

対談 村山匡一郎 荒木啓子

村山匡一郎さんが「映画祭の歴史的展開、そして現在」という文章を書かれています。それから20年経っているわけです。そこであらためて、現在の映画祭がどのように変化してきているのか検証してみようと思います。そしてもうひとつは、荒木啓子さんがディレクターを務めるPFFぴあフィルムフェスティバルが今年40年を迎えました。荒木さんがディレクターを務められてからは25年ですが、映画祭の開催者の実感として、この時間の流れのなかで、何が見え、何を感じてきたかを村山さんと語りあっていただきました。

取材＝小笠原正勝　文＝沼田梓　撮影＝助川祐樹

映画祭の変化の兆し

村山　ＰＦＦは今年で39回。20世紀から21世紀にかけて継続して開催しているわけですよね。僕は、20世紀最後のころから映画の在り方がちょっと変わってきたと思うのです。大きいのはデジタル化だと思います。制作側の問題もあるし、上映の問題もある。今年のベネチアではＶＲ（バーチャル・リアリティー）部門を作って審査が始まったというし、カンヌでは、映画館で公開しないネット配信作品は排除する、と話題になりました。ＰＦＦの場合、２０００年代になってからの変化は何かあります？

荒木　ＰＦＦは、ご存知の通り特殊な映画祭で、基本的に自主映画の監督の作品を紹介し、また監督が、変化や成長する契機になる作品を上映している場所なので、想定ターゲットが作り手なのです。だから映画祭の変化というのは別にないですね。それは作っている人がどう変化したかということになります。あくまでも自主映画を紹介したいわけですから。同時に作品を国内外の映画祭に出品し続けているので、新人作品を出す側として映画祭はどう変わったか、という話の方が、この企画の趣旨に合うのではないかという気がします。

村山　デジタル化がどんどん進んできて、上映もＤＣＰという形になってきて、デジタル化の影響は大きいと思います。

荒木啓子（あらき・けいこ）／PFF ディレクター

雑誌編集、イベント企画、映画&映像の製作・宣伝等を経て、1990年PFFの一環として開催した“UK90ブリティッシュフィルムフェスティバル”でモンティ・パイソン特集を担当。その後、国際交流基金アセアン文化センター主催の“東南アジア映画祭”ヤングシネマ部門プログラミング・ディレクターを経て、92年、PFF初の総合ディレクターに就任。就任後はコンペティション部門「PFFアワード」の応募促進や、入選作品選考システムに関するさまざまな改善、若い観客に向けた招待作品部門の充実を図る。招待部門においてはミヒャエル・ハネケ、ロバート・アルトマン、ダグラス・サーク、サミュエル・フラーなどの巨匠監督の特集や、アニメーション、スチルカメラマンによる映像表現など、映画以外の映像作家の多くの試みを企画。また、日本の若い才能を世界に紹介することを目的にPFFアワード、PFFスカラシップ作品の海外映画祭への出品を積極的に推進。ほかにもPFF関連作品のみならず、日本のインディペンデント映画の海外紹介にも努め、映画による国際交流と新人監督の海外体験、さらに海外での映画製作までを視野に入れた活動を行っている。

荒木　それよりも映画祭が、どんどんビジネスと混合一体になってきていることを感じます。初期のＰＦＦで審査員を長く務めてくださった大島渚さんが、昔は、映画祭はサロンだったと。映画監督が、カンヌに代表されるような、ベネチアもベルリンもそうですけど、普段は会えない人たちが一堂に会して映画の理想について語り合う場所が映画祭だとおっしゃった。けれどそこにマーケットが立って、企画マーケットも出来てというふうにビジネスの場所へ変わってきているわけですね。

育成とコンペティション

村山　ＰＦＦは基本的に新人を発掘するという目標、ポリシーがあるでしょう？　それは育成へと繋がるわけですね。そのあたりはどうですか？

荒木　発見と育成というテーマも最初から掲げています。育成の部分は映画を制作するっていうのもありますけど、何故映画制作会社ではなく映画祭をやっているかといったら、同時代の色々な人たちが映画を創っているなかで、彼らは意外に知り合う機会が少ない。そういう人たちが、新たな人や先達に出会って、新たな刺激を受けて、さらにうちは映画祭ですから映画を浴びるほど観る。この12日間の間で何らかの刺激を受けるということも育成ではないかと考えています。

村山　何故そうしたことを聞いたかというと、00年代以降の世界の映画祭が、全てではないけれど、それまでと違うのは、新人を発掘育成するというポリシーが出てきました。僕が考察した50～60年代の映画祭では、国家威信はあっても育成という概念はなかった。

荒木　そうですよ。21世紀はあらゆる映画祭が、自分たちが発掘した監督が欲しくてしょうがない。映画祭が増え過ぎて、プレミア合戦が凄く、ほとんどのところにコンペティションが生まれる。なぜコンペが増えたかと言ったら、コンペをやるとスポンサーを得やすいからなのです。スポンサーに、ここであなたの名前を冠した賞を出しますよと言うとお金が集まりやすいので、コンペが増えているのです。

村山　コンペをやるためにはプレミア幻想が常にある。今の映画祭の世界ではね。

荒木　誰が最初にその映画を上映するかという獲得合戦がすごいのです。国威を担うA級映画祭はプレミアじゃないと絶対コンペには出さないというルールを、自分たちで決めている。だから日本のA級映画祭東京国際は他で上映した映画をやれないわけです。世界中の映画祭がそうですよ。プレミア合戦が高じるとどうなるか、どうやって先にそこを獲得しておくか。だったらその企画が生まれる前から手を付けておけばいいではないかということで企画コンペが生まれ、ファンドのマーケットが生まれ、色々な映画制作サポートが生まれる。映画祭が関わったものは最優先でその映画祭にかかるということを、みんなが必死に始めたのです。

村山　どんどん変わっていくわけですね。日本では90年代ぐらいから、若手にお金を出して育成していくという事業がいろいろなところで行なわれるようになりました。映画祭の流れを見ると、00年代に入ってはっきりそれが表れてきた。昔の映画祭とは違うのだなということをすごく感じるのです。

荒木　そういう意味ではPFFは90年代、とても取材が多かったのです。映画制作をやっている映画祭がうちしかなかったから。映画制作というのはPFFでプロデューサーを置いてトータルプロデュースするPFFスカラシップのことです。ただお金を渡して、映画作ってねというのではなく。手間がかからないこと、効率を優先するのってつまらないですよね。手間暇かけないと何も生まれてこないというのがPFFの初心なのです。

村山匡一郎（むらやま・きょういちろう）／映画研究家

1947年生まれ。日本大学芸術学部大学院教授。80年代初めから「イメージフォーラム」誌を中心に映画批評を書きはじめ、フリーランスの映画評論家として日本経済新聞をはじめとする新聞・雑誌などに寄稿する一方、イメージフォーラム映像研究所、武蔵野美術大学、多摩美術大学など専門学校や大学で映画学や映画史の教鞭をとる。その間、イメージフォーラムフェスティバル、山形国際ドキュメンタリー映画祭、東京国際映画祭などで審査員を務める。主な著訳書に「世界映画全史」(全12巻､国書刊行会)、「映画史を学ぶクリティカル・ワーズ」(フィルムアート社)、「映画は世界を記録する」(森話社) などがある。

映画祭の存在と性格

村山　いわゆる世界の映画祭は映画監督に対して、何らかの影響はあるのだろうか？　映画祭自体の存在をどう思いますか。

荒木　映画監督に聞かないと分からないです

ね（笑）。かつての中国がそうだったように、全く見せる場所がないからインディペンデントは映画祭に行くしかない。それは大きなモチベーションですよね。次作は、文化度の高いヨーロッパからお金を出してもらう。だからジャ・ジャンクーさん、河瀬直美さんなどはフランス出資に支えられている。アートでいいのだということを、全面的に認めてくれた映画祭から映画制作に通じている。アートフィルムに興味のある出資者とか公的資金を獲るのに長けたプロデューサーと出会えるというのも事実だと思います。もうひとつは、宣伝の場所としてビジネスの人も映画祭を使い始めた。レッドカーペット宣伝ですね。そこから変化が始まったと思いますよ。

村山　だけど基本的に映画祭って、もともと商業性と芸術性の2つの面があるわけですよね。どうしても作品を商品として売るかどうかという話になる。芸術性もあったけれど、昔はやんわりとした商業主義で包まれていて、その中に入っていくと業界人がみんなでサロン的なことができたのです。ところが今はあらゆる人たちが映画祭を目指して、作り手もあれば、プロデューサーもあれば、お金を出資するような人たち、あるいは配給会社も群がってくるわけじゃないですか。その中で変化してきているのは、00年代に入って、恐らく元はサロン的だと思うのだけど、芸術性に特化してきているような部分が、ある程度露出してきたのかなという印象は受けるのですけどね。

第25回東京国際映画祭の「日本映画・ある視点」授賞式

荒木　というか、映画が多すぎるのですよ。

村山　それは分かります。根本的な問題はそこですよ。多すぎて、とにかく作ったら見せなくてはならない。みんな必死です。だからメルヴィルじゃないけど、自分の映画を見せたかったら自分でスタジオを作って、長生きして自分の映画を自分の映画館で上映するということをやっているような人しかないと思う。どうやって見せるのか、どうやったら自分の映画を見てもらえるかを考えた時にいちばん分かりやすいのは映画祭なのです。映画祭で賞を獲ったら、収入の低い中国の監督や東南アジアの監督はそれでしばらく食べていける。日本は物価が高いし生活費も高いしそうはいかないですが。日本の場合、映画が多すぎるのです。結局、マスコミだって映画祭で賞を獲ったものしか興味を示さないし、一旦評価されると群がり始める。何か箔をつける生き方のために映画祭というのは定着していますよね。でもそれは海外の映画祭なのです。日本の映画祭じゃないのです。

映画祭の魅力

荒木　映画祭の魅力は何かというのは色々な人に訊いてみた方が良いと思います。とりあえず今、映画祭しかないと思う人は多い。映画祭で成功した例を夢見て、実際に行ってどうだったかといったら結構悲惨な体験している人もいます。同時に映画祭を全く無視する制作会社もあります。

村山　映画祭が面白いのは、例えば他の映画祭のキュレーターが観に来るじゃないですか。そうするとAクラスの映画祭じゃない限りは、それをうちでもやりたいという形で作家を引っ張っていくわけですね。うちで招待するからということで。そうすると新作をつくる時間があるのかちょっと不安になります。

荒木　映画祭はですね、映画祭好きな監督と、好きじゃない監督といるのですよ。何処でも行くという人、絶対に行かないという人。映画祭を使って、プランがある人、ノープランの人。観光旅行の代わりに行く人、ビジネスのために行く人。もう千差万別なので、一括りにするのは難しいと思う。映画のプロモーションと映画祭と同じようなもので、ノーギャラで色々な所に行く、いくら航空券と宿泊代をくれても、日常の中のお金はかかるのです。それでも行くことを続ける人たちは、それなりの哲学がある。

村山　多くの人は初めての海外で興奮しちゃうからとりあえず行くのですよ。

荒木　お金全然使わないで行ける環境もあります。商業映画は、その映画関係者の大ツアーを組んだりするし。自主映画の人たちというのは自腹で行くことも多い。そこでも全然違う。

［山形国際ドキュメンタリー映画祭'91］さよならパーティで、今は亡きアッバス・キアロスタミと

第39回ぴあフィルムフェスティバル舞台挨拶

10人の日本人監督が同じ映画祭に参加したとしても、バックグラウンドが全部違う。参加の目的も目標も準備も過ごし方も成果もみんな違う。

村山　ということは映画祭というのは基本的にショー・ルームみたいな位置にあって、そこに掛けてもらうというか、飾るために夢を持ってみんなが集まっている、特に作り手たちは。

荒木　カンヌなどはそうですね。今は空族や濱口さんの成功が伝説になって、ロカルノに行くというのがブームだったり、その年々でブームがある。この映画祭を狙え、という。けれども、舞い上がっている時とか、夢中になっている時はやりたいようにやればいいと私は思っています。体験が大事です。

フォーラムとフィルムの収蔵

荒木　ＰＦＦは、基本は、１９８０年代あたりのベルリンのフォーラムを参考にしているのです。画期的だったのはフォーラムがアンチ・ベルリンで始まっている。つまりアンチ・コンペ部門を掲げベルリンのシネフィルたちが起こしたセクションであること。作家のどんな実験的なものも、どんな商業的なものもすごい映画は何でも上映しなければならない。映画は監督が作るものだから監督を大事にしなくてはいけない。そういう活動で始まっているのです。

村山　……なるほど。

荒木　フォーラムでは自分たちが招待した映画は、自分たちの持っている、アルセナルという映画館で配給上映する。上映する度に上映料を還元することがフォーラムの肝だったのです。タイアップを取って、どんな監督もビジネスクラスで呼ぶという哲学もあった。私はフォーラムがどれだけすごいかという話を何度も聞き、最初に行った三大映画祭はベルリンで、今や一番長く通っているゲストになりつつあります。

村山　フォーラムがお手本になっているのですね。

荒木　はい。ぴあフィルムライブラリーといって作品を収蔵して、劇場公開し、レンタルがあったら、作家に還元するというのをずっと続けています。自主映画にこそ上映料をというキャンペインを続けています。現在のフォーラムは残念ながら変わりつつあるのですが、私たちの基本は、あの昔のフォーラムなのです。例えば小川紳介、若松孝二、山本政志ら信念ある監督たちを早くから紹介していますし、PFF作品もたびたび招かれています。

村山　PFFでやった作品を収蔵しているということだけれど、それはいつから始めたのですか？

荒木　80年代ですね。映画祭として形が整ってからです。当時は8ミリのオリジナルが紛失する事件が頻発した。上映会に貸したらなくなりましたとか珍しくなかったので、入選作品のデュープコピーをつくることにしたのです。

村山　それはとてもよいことですね。本当に8ミリはオリジナルの一本だったりするからね。収蔵したものはPFF自身が、もう一度これをやったらいいのではないかとか、どこかに貸し出すとか、そういうことはやっているの？

荒木　はい。レンタルしています。PFFで上映する時も外部上映も本人の許可を取り上映料を払います。8ミリプリントは貸し出しは難しいので、昨年ベルリンと香港とPFFと3映画祭共同で、8ミリデジタル化プログラムを達成できたのは大変嬉しかった。

見せること、観ること、観客の問題

村山　映画祭には、国際映画祭連盟の定めるAクラスの国際映画祭とそれ以外の国際映画祭があり、さらに、町おこし、村おこしが目的の映画祭もありますよね。

荒木　映画祭は4日以上やらないと映画祭とは呼んではいけないらしいです。言語の規定で言うと。イベントなのです。短期間は。

村山　基本的には、今の感覚でいえばイベントなのだね。ただ、映画祭の器が大きくなるほどヒエラルキーがあるのですね。

荒木　ありますよ。カンヌのディレクターになるのが大きな映画祭の出世のトップコースです。カンヌのどこかのセクションのプログラマーなりディレクターになるとやたら人が群がってくる。手のひら返したようになって驚いたという人がいました。ヨーロッパでは完全に職業として成り立っている。

村山　商業的な劇映画を含めるとそうなのだけど、PFFが面白いのはインディペンデントなレベルだから、それがないわけね。ヒエラルキーがあってもぺったんこになっている。そこが魅力なのだと思う。

荒木　うちのポリシーはフェアであることですから。ここだけの話、コンペは苦手。だけどコンペをやらないと甲斐がないという声があって1988年に変わりました。

村山　応募してくる人が、自分の力やレベルが、他の人と比べてどのぐらいの位置にいるのか知りたいということですね。恐らく映画祭のコンペを目指す目的はそこにあるのだろうなという気がします。あとは賞金。

荒木　賞金は大きいですよね。ロカルノ、ロッテルダム、釜山など、賞金が潤沢な映画祭に出したい気持ちよくわかります。

村山　日本の他の映画祭でも500万円くらいだけど、海外からそれを獲りに来るからね。特にインディペンデントでやっているドキュメンタリーの作り手などは。

荒木　山形はいくらなのですか?

村山　山形は最高で300万円。それを獲りに来るのは、制作費を色々な所から集めないと、彼らは作品が出来ないから。

荒木　ですよね。時間掛かりますものね。

村山　だからそのために映画祭に出品する。制作費稼ぎみたいなことはありますね。

荒木　それから、お客さんの育成ということに関しては、親が映画を観ると、子どもも映画を観るわけです。

村山　母子教育をやらないとだめですよ。子どもだけじゃだめなの。母親と一緒にやらないと。荒木さんが言うように、親が映画好きじゃないと、子どもも好きになりません。他のジャンルもそうだと思うのですが、そういう傾向が強い。

荒木　そうですね。親が本を読まないと子どもも読まない。

村山　だから親次第ということですね。

荒木　親の責任は大きいです。でもそういう親に反発して色々やる子どももたまにはいると思いますけど。

村山　子育てというのはそういう意味を含んでいるのだと思います。親が学んでいって、映画オタクになれとは言わないけれども、せめて子どもと一緒に映画館に行ったり、話し合ったりとか、そういう子どもは映画にすぐに興味を持ちます。ただ、今は(親子で)観る映画が『ドラえもん』とかに決まってくるじゃないですか。それを地域の中で、実験映像とかいろいろ見せる。子どもたちは絶対観ますから。

荒木　実験映画好きですよね。作ってもきっと上手いと思う(笑)。

村山　子どもは純粋で素直ですからね。大人になると汚れていく……。

荒木　そうそう。評価ばかり気にし始めるからね。くだらないこと訊いてくる人もいっぱいいる。

村山　大人でも黒澤明の『羅生門』を分かる人も分からない人もいるわけじゃない?

荒木　分かる、分からないは必要ないと思うのです。分かる、分からないというのは何処かに捨ててこいと(笑)。

村山　分かるか分からないかの意味自体が問題じゃないですね。画面に映っているものの形が変わるとかそういうものは、子どもはすごく純粋に観るじゃないですか。積み木を積み重ねるような、それと同じです。実験映像、シュヴァンクマイエルなんてものすごく面白がると言っています。

映画祭と子どもの映画教育

荒木　基本的にヨーロッパの映画祭は18才以上対象です。全くセンサーなしで、どんな映画でもやるのが映画祭で、18才以下はチケットを買えないのです。しかし、それだと未来の観客が育たないのではないかということで、子ども部門を始めたのがベルリンなのです。前は11才から18才だけだったけれど、もっと下の子に見せた方がよいということで、14才以下と18才以下という2つの部門に分かれた。クラス丸ごと観に来ます。上映後の質疑応答も子供だけ、賞を選ぶ審査員も子どもだけで構成している。すごくいいコメントも言うのです。PFF作品を何本か子ども部門に出しているのですけど、子どもの質問、本当に素晴らしいの。毎年参加したい。日本で同じことをやりたいと、子ども映画祭を立ち上げた方もいます。日本は教育委員会などが、学校から一歩出てからの責任は持てないといって学校動員しない。だから広がらない。根本的なところで情操教育に関して、何の関心もない国が日本だと思う。

村山　要するに、大人の感覚で子どもを縛っているのが日本だと思う。大人の頭の中の文化性みたいなものがどのくらい柔軟なのかということですね。文化の重みだと思うのだけど。

荒木　大人が悲惨だからこんな世の中に(笑)。とても不幸な国だと思う。

村山　子どもの映画教育をやっていると、先生たちはOKでも、親やPTAや教育委員会が、もし何かあったら責任が、と言う。

荒木　もし何かあったらよりも、人が楽しい思いをするのが許せないのだと思うのです。自分の知らない、自分の興味のないことを、人が楽しんでいるのが許せないという、すごく意地悪な空気が日本を覆っていると思う。大袈裟に言えば、出来るだけみんなが不幸であればいいという空気にすら近づいているような。そこが、文化を考えないことに繋がると思うのです。結局、いじめっ子が多い。一番性格悪くて、一番下品な人間のレベルに堕ちてしまう危機とその回避をうまく表現した、技ある映画の登場を期待したりしてしまいます。

映画の定義と映画祭の在り方

村山　20世紀後半の映画祭って、ジャンルが分かれてきました。

荒木　ジャンル映画が減ってきていることも映画の現象ですね。

村山　ジャンルというか、ドキュメンタリーやアニメーションなどが文化という形になっていることが一つかな。それが今は崩れてきているような気がします。ジャンル自体が、分野が重なってきている。アニメーションと実写がくっついちゃったりする。つまり映画というのは様々なカオスを秘めているから。アニメーションを新しく引き受ける映画祭が多いのではないかという気がしますね。

荒木　どうなのですかね。一時期は配給会社が映画祭を立ち上げたりしていましたね。アジア

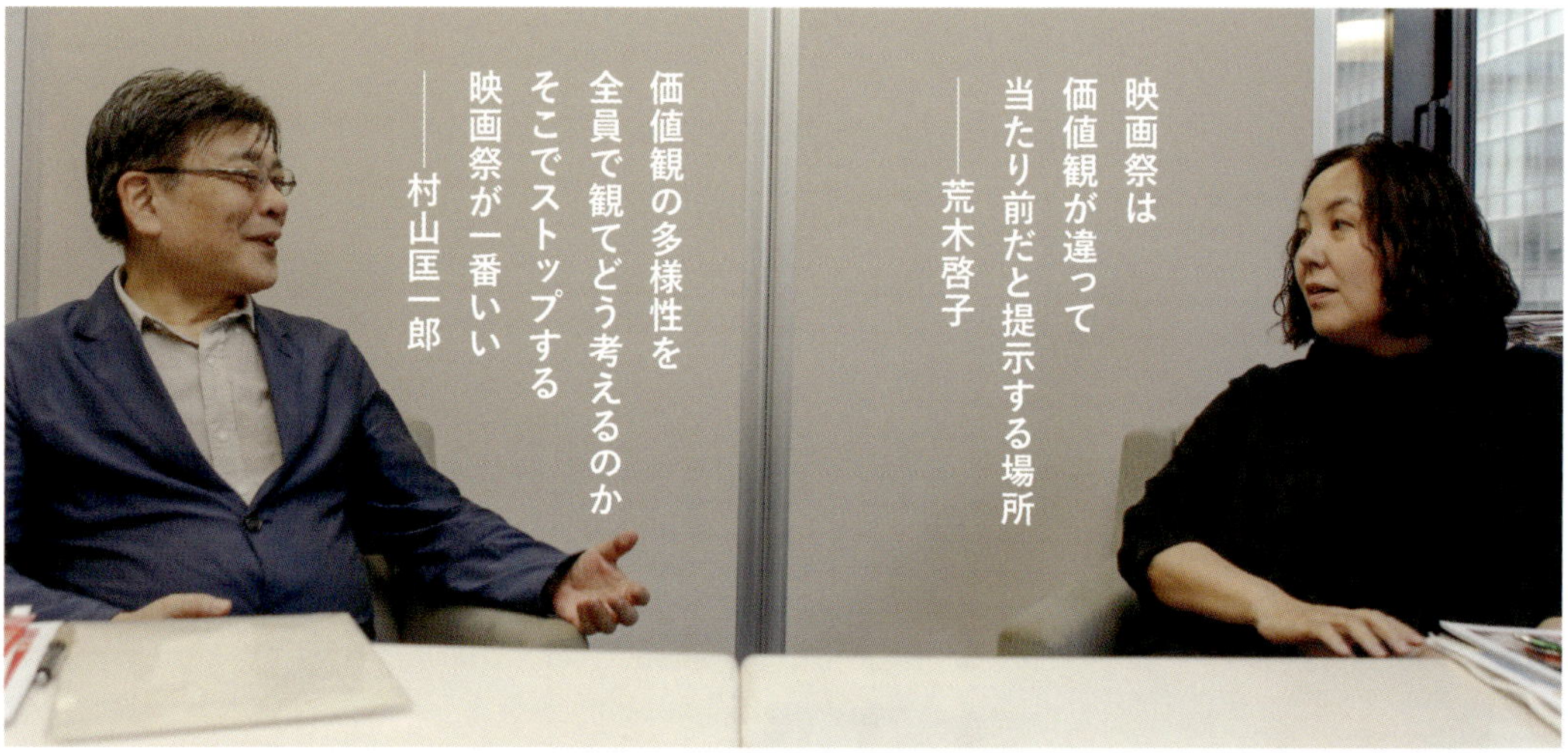
映画祭は
価値観が違って
当たり前だと提示する場所
——荒木啓子
価値観の多様性を
全員で観てどう考えるのか
そこでストップする
映画祭が一番いい
——村山匡一郎

映画だけをやる配給会社が、自分たちの作品で映画祭を構成するとか、そういう動きもありました。アニメーションは、映画祭は大御所がいっぱいあるので、それだけで結構世界的に飽和状態というところがあります。カンヌとかもそうですが、どんな映画祭も自分たちにとって映画とは何かということで悩んでいる。昔は映画とは何かで悩まなかった。それが大きな変化ですね。

村山　先ほどの、カンヌでネット配信映画を排除するという話。現時点で、カンヌにとって映画とは何か、ということを定義しようと思っていることの表れですね。

荒木　そうですね、カンヌにとって映画とは何かといった時には、やはりスクリーンで観るものだということを明確に打ち出しているわけです。ところがうちの映画祭もそうですけど、作る側はスクリーンで観たことがないわけですよ。昔はスタジオで35ミリの映画を作れば、音入れの時でも、試写する時でも、スクリーンで観ていたわけです。現在はPCサイズでしか観たことがないのに、スクリーンで見せなくてはならない。経験が難しく、想像力で訓練しなくては、スクリーンを生かせる映画を作れないわけですよ。

村山　デジタルになった時、例えばファインダーがビデオカメラでは液晶モニターになったじゃないですか。あの時、何か大きな切り替え

があったような気がするのです。周りが黒くて撮影対象しか見えないファインダーと違って、液晶モニターは撮っている周りが見える。自分が映している実際の位置が同時に見えるわけですよ。さらにデジタルになると編集もパソコンになる。パソコン画面とスクリーンの大きさの違いもありますが、スクリーンでは光が後ろから来るのに対してパソコンの液晶は光が正面から来ますよね。全く違うわけですよ。パソコンの液晶画面で見た光のあり方は、大きなスクリーンで見ると潰れていたり、あるいは暗すぎたりするケースがしばしば起こります。しかも表現された世界はそんなに影響を受けないにしても、画面の印象はフラットになり、奥行き感はなくなる。

荒木　カラーになるとか、ワイドスクリーンになるとか、そういうのとは違う変化ですね。

村山　やはりフラットになる。デジタルはドットだから。ドットって動かないけれど、フィルムの粒子は絶えず動いているでしょう。フィルムで育ってずっと観てきているから、そういう感覚がポンと消えて何かすごく……草間彌生のドットみたいな感じです。映画をどう定義したらいいかは変わってきていると思います。制作の現場や技術の変化と、上映形式技術の変化。両側があるような気がしますね。ネットフリックスなどネット配信というのは上映形式の問題で、制作技術の問題ではない。VRの方は最初から技術という気がするわけです。3Dメガネをかけるわけでしょ。そう考えると、映画の観念がぐるぐる回ってきて、そうした新しいものを認めて映画といおうか、それ以前のスクリーン形式でストップしておこうかという決意ね。

映画祭は世界平和のためにある

荒木　暗い部屋でスクリーンを見つめるのが映画なのだと思うのか、単に映像を観ることなのかということは、どちらが良い、悪ということよりもその人の信念でしょう。映画祭は、あくまでも大人数で一緒のものを観て、その反応の違いを楽しみましょうという場所であって、人類全員が違う人間なのだと、価値観が違って当たり前だと、だからどうしましょうか。というのを提示する場所なのです。個人の楽しみの為に映画を使いましょうという場所じゃないのです。個人の楽しみだけを追い求めていったら最後は多分殺し合いしかないですよ。自分さえ良ければいいのだから。

村山　一つの部屋に閉じこもって観ているというような世界になってしまう。映画祭が00年代以降変わってきたのは、やはり社会が変わってきたから。簡単に言うと、どうしてあんなに宗教というのが前面に出ないといけないのかとすごく疑問です。01年の9・11以降やはり宗教が前面なのです。イデオロギーなんて関係ない。

荒木　かつてはイデオロギー、今は宗教……。

村山　宗教って何だろうというと、信念ですよね。信じるか信じないか。つまりそこまでいったわけなのです。社会全体がすごく変わってきて、そこに感化され影響を受ける。この映画を信じるという人たちがひとつの何かを立ち上げて、違うものを信じるという人たちがまた何か立ち上げていく。そういうふうになっていく可能性はあるのではないかという気がします。

荒木　許さないというのがだめなのですよ。信じるのは構わないのです。それを許さないとなる瞬間が、不幸の始まるときだと思うのです。そうならないためには色々な映画を観た方が良いです（笑）。色々な人の様々な価値観がある。そういう人たちがいるから楽しいです。というところまで映画祭をもっていくことですね。

村山　映画祭の最終的ポリシーはそこですよね。

荒木　そうですね。映画祭は世界平和のためにやっているということは揺るがないと思います。

村山　要するに政治的な目的とかはたくさんあって、理由はいくらでもつけられる。その中で価値観の多様性みたいなものを全員で観て、じゃあ君たちどう考えるのかと、そこでストップして立ち止まるような映画祭が一番いいという気がしますね。

［2017年9月21日　京橋フィルムセンターにて］

映画祭の歴史的展開、そして現在

村山匡一郎

写真：丹羽高史

［祭り］の対象としての映画

今日、世界のさまざまな国や地域において映画祭という名のイヴェントが開催されている。その数はいったいどのくらいに上るのだろうか。一説によれば、一月一日の元日から十二月三十一日の大晦日まで世界のどこかで映画祭が開かれており、一年間、世界中の映画祭を休まず見て回ることができるともいわれる。いずれにしろ、夥しい数の映画祭が世界中で催されていることになる。

わが国においても、北は北海道から南は沖縄まで、やはり数多くの映画祭が一年間に催されている。たとえば、よく知られているところでも、夕張、山形、東京、広島、福岡、湯布院などがある。これに浪岡、高崎、横浜、大阪、神戸などを加えれば、かなりの数に上るにちがいない。おそらくわが国の映画祭だけを見て回ったとしても、一年間は他のことを何もできないだろう。

これだけの映画祭があると知れば、どうして映画祭なのか、という素朴な疑問を誰もが抱かざるをえない。実際、演劇や音楽、あるいはパフォーマンスなど、これほどの「祭り」が世界中にあるのだろうか。おそらく答えは「否」だろう。しかし、たとえば演劇と比べた場合、映画が「祭り」の対象になりやすいことはわかる。なぜなら、「祭り」を催すうえで、演劇は多くの人と物が必要であり、さらに期間中はその両者を維持ないし世話をしなければならないのに対し、映画は少なくともフィルムという物があれば十分可能であるからだ。要するに、映画は他のジャンルと比べると手間と暇をかけずに「祭り」ができるのである。

その他にも映画がイヴェントの対象として好まれる理由はある。たとえば、見る側からいうと、映画は他のジャンルと比べてエンターテインメントの要素が強く、あらゆる地域の人々、あらゆる階層の人々、またあらゆる世代の人々にとってわかりやすい対象であること。また主催する側（年齢は高い人たちが多い）からいうと、映画は自分たちの生きてきた時代における最大の娯楽であったし、またメディアでもあったので、最も馴染み深いものである。つまり、「祭り」の対象としての映画は、少なくとも現在までのところ、物としても、見るにしても、主催するにしても、条件としては最も簡単で納得しやすいものであると言える。

映画祭の起原と展開

それにしても、映画祭はいつ頃から始まったのだろうか。最も古い例として、一九一〇年にイタリアのミラノにおいて、ヨーロッパとアメリカの映画会社が集まって「祭り」をやったという記録がある。イタリアからはチネス社、イタラ社、アンブロジオ社、コメリオ社、フランスからはエクレール社、エクリプス社、リュクス社、ドイツからはビオスコープ社、アメリカからはヴァイタグラフ社が参加したという。おそらくこれは、映画振興という意図もあったろうが、当時のアメリカのエディスン社の独占に対抗する意味で一九〇九年にパリで開催された「愚者の会議」と呼ばれるヨーロッパの映画製作会社による国際会議の失敗の余波だったのではないだろうか。

今日いう意味での映画祭は、一九三二年から始まったヴェネツィア映画祭が最初と言ってもいいだろう。この映画祭は、ヴェネツィア市の観光政策の一環としてヴェネツィア・ビエンナーレの一部から始まった。だが、すでに政権に就いていたムッソリーニによって、イタリア・ファシズム国家の宣伝の場になっていく。一九三八年には「ムッソリーニ賞」が設立され、レニ・リーフェンシュタールの『民族の祭典』『美の祭典』が受賞している。映画祭は国家威信の誇示の場としてあった。こうした映画祭の国家的利用は、時代はずっと下るが、一九八二年に当時のマルコス大統領夫妻の肝入りで始まったマニラ国際映画祭などにも見られるだろう。

第二次大戦前に催されていた映画祭は、このヴェネツィア映画祭だけである。だが、その一方、たとえば一九二八年に始まったアメリカのアカデミー賞のように、国内の業界が集まって開催する「祭り」はあった。これは一年間に国内で製作された作品に賞を与えるための「祭り」で、一般の人々とは無縁のところで行われる業界のための「祭り」にすぎない。だが、こうした商業主義は、すぐに映画祭に取り込まれていくことになる。

ヴェネツィア映画祭に続くのが、一九四六年から始まったフランスのカンヌ映画祭である。この映画祭は当初、一九三九年九月一日に第一回を迎えるはずであった。当時のフランス政府は、カンヌがヴェネツィアの対抗馬となり、ムッソリーニの反感を買うのを恐れて同意しなかったという。だが、映画祭事務局はカンヌ市と正式に契約を交わし、『幻の馬車』（ジュリアン・デュヴィヴィエ）『コンドル』（ハワード・ホークス）『オズの魔法使』（ヴィクター・フレミング）などの招待作品を予告し、さらにタイロン・パワー、ゲイリー・クーパー、ノーマ・シアラー、アナベラを招待した。そこに勃発したのが八月二九日のナチス・ドイツのポーランド侵攻であった。こうしてカンヌ映画祭は、第二次大戦のために一九四六年まで延期されたわけである。

このカンヌ映画祭は、一九四〇〜五〇年代にかけて、映画を発明した国という自負を伴いながら、ヴェネツィア映画祭と並んで世界の映画における優れた作品の発表の場になった。ただしヴェネツィア映画祭が「作品」としての素晴らしさを評価する姿勢が強かったのに対し、カンヌ映画祭は「作家」の映画に焦点をあてる傾向があったと思う。しかし、この時代は映画の黄金時代でもあり、どんなに優れた映画でも華やかなスターたちの世界と隣同士であり、映画祭が商業主義と軌を一にする時代でもあった。

カンヌ映画祭は、一九六一年から配給業者のためのフィルム・マーケットを同時に開催することになる。

この時期から、映画祭がしだいに増えてくるようになる。まずカンヌ映画祭と同じ年にはロカルノ映画祭が始まり、一九五〇年にはカルロヴィ・ヴァリ映画祭（この映画祭は一九四六年に他の町で始まった）が開かれる。一九五一年にはベルリン映画祭が、一九五四年にはサン・セバスチャン映画祭が始まり、そして一九五九年にはモスクワ映画祭が続くことになる。この時期の映画祭は、優れた映画を評価するという姿勢はもちろんあるにしても、国家や民族などの威信を背景にして、現実には各国の映画界の商業主義的思惑や東西の政治的イデオロギー的対立などが入り混じったものだったといえよう。

わが国においても、最初の映画祭が具体化したのはこの時期ではないだろうか。一九五四年に第一回アジア映画祭が東京で開催されている。これは当時の大映社長の永田雅一の音頭によって実現したものであったが、ヴェネツィア映画祭での『羅生門』の受賞によって海外への輸出の望みができた永田雅一にとって、東南アジアを日本映画の市場にしようという政治的・経済的欲望への足掛かりであった。その後、外国映画見本市という商業主義的な枠内でのイタリア映画やフランス映画などの映画祭はあるが、いわゆる映画祭という「祭り」は、わが国においては一九七〇年の大阪万国博覧会における国際映画祭までない。

映画祭の変容と多様化

世界中で映画祭がいろいろな形で催されるようになったのは、一九七〇年代に入ってからのようだ。わが国でも、湯布院映画祭が一九七六年から始まっている。この時期に映画祭が多くなってくるのは、一九六〇年代に世界の映画が大きな転換期を迎えたことと無関係ではないはずだ。一九六〇年代の経済成長を背景にした価値観の多様化によって、映画は娯楽の王様ではなくなり、多くの国では撮影所システムが崩壊し始め、映画会社は映画産業の外から資本を仰ぐようになった。したがって、一九七〇年代の映画祭には、映画の振興という目的が背景にあったはずである。

しかし同時に、そうであるからこそ、一九五〇年代の映画祭に見られた商業主義とは異なった商業主義が台頭してきたとも言える。つまり、映画産業としての商業主義ではなく、映画を他の産業が利用していくという意味での商業主義のことである。その典型がわが国の多くの映画祭だろう。わが国の映画祭の多くは一九八〇年代半ばから後半にかけて始まっている。バブル経済を背景にした「ふるさと基金」なる政府の後押しとそれによる「村おこし」「町おこし」の発想によって、多くの自治体が映画祭を始めたことによる。自治体主催であるが、後援は地域産業がついている、というのが多くの映画祭の実態である。どちらも目的のための手段として映画を利用しているわけだ。

もちろんこのことは非難すべきことではなく、むしろ時代の産物と見た方がいいだろう。こうした傾向は世界でも同じようだ。今日、世界の多くの映画祭は、政治的な背景や商業主義的な思惑があるにしても、ずっと地域的で特殊な欲望によって支配されているように見えるからだ。たとえばアメリカではニューヨーク、シカゴ、デンヴァー、テルライドなど多くの映画祭が催されているが、一国のなかで多くの映画祭が開催されていることは、もはや国家的威信による統一は成り立たない。むしろ自治体レベルでの別種の欲望によるものでしかない。またファンタスティック映画だけを対象としたアヴォリアッツ映画祭、サイエンス・フィクション映画のトリエステ映画祭、ドキュメンタリー映画のライプツィヒ映画祭やニヨン映画祭などのように、ジャンルや分野を限った映画祭が増えてきたことも、別種の姿勢や欲望を予想させる。

映画が少なくとも一〇〇年という歴史をもつようになり、国家やイデオロギー、あるいは映画界の商業主義といった一般的で全体的な観念を体現できないものになってきたことは確かだ。映画祭がより多様なものとなり、より地域的なものとなり、またより限定的された特殊なジャンルを対象とするようになってきたことは、その証だろう。したがって、現在の映画祭は大きく言って二つのタイプがあるように思う。ひとつは古典的な意味での映画祭であり、いまひとつは一九七〇年代以降、とくに一九八〇年から始まった映画祭である。

古典的な映画祭は、ヴェネツィアやカンヌのような「国際映画祭」がそうだ。この「国際映画祭」の名称はFIAPF（国際映画製作者連盟）が認めた映画祭だけで、数は多くない。そのため、今でも国家的な威信を保持し、映画産業もみずからの商業主義を全面に押し出している。出品される作品も商業主義的な劇映画が中心となり、コンペティションが話題になるとはいえ、実質的にはマーケット中心と言える。一方、別種の姿勢や欲望による映画祭はその多くの政治的・経済的基盤が自治体にあるが、それを支えるのは映画ファンや市民である。

この後者の場合、持続していくためには、主催する側にも見る側にも核となるような映画好きがどれだけいるかということ、また経済的に自治体の援助がどれだけあるかということが要となる。今のところ、たとえばわが国における山形国際ドキュメンタリー映画祭にしろアジアフォーカス・福岡映画祭にしろ何とか機能しているようだ。ただし、わが国におけるこの種の映画祭には不安がつきまとう。というのも、わが国の多くの映画祭におけるきっかけとなったのが「村おこし」「町おこし」であるからだ。こうした「村おこし」「町おこし」は時代の産物であり、長続きしないことは自覚すべきであろう。

二十一世紀に生き残る映画祭とは

今日の世界において、映画祭は確かに多い。だが、それは喜ぶべきことであろうか。映画祭というのは、商業主義だけでは成り立たないし、また映画ファンが作品を見るだけで済むものでもない。もしそれだけなら、金がなくなったり、飽きたりしたら持続しないだろう。しかも、自治体が経済的にある程度保証してくれたとしても、その発想が「村おこし」「町おこし」であれば、限界がある。おそらく現在、映画祭という「祭り」は大きな曲がり角にさしかかっており、このままでいけば、二十一世紀までに今日ある映画祭の多くが淘汰されるように思う。

もし二十一世紀に生き残っている映画祭があるとすれば、それはもはや映画祭を開催して仲間意識を高めたり、映画を見て楽しむことだけでは成り立たないだろう。経済的には自治体の年間予算のなかに恒久的に組み込まれ、できれば地域の経済システムと連動するようになれば望ましい。さらに文化的にも地域の文化システムに組み込まれる必要がある。そのためには、たとえば福岡や山形が始めたように、たんに映画を見せて「祭り」が終わるのではなく、フィルムの収集と保管を恒久的に行うことが必要になってくるだろう。それによって、地域の文化システムに組み込まれると同時に世界に向けての発信地にもなりうる。そして、そうしたことが可能になるのは、結局のところ、映画祭そのものが映画と文化に対してどのようなポリシーの下に催されているのかということに帰する。

［1995年 えとしっく発行「映画館へ行こう！」第11号より転載］

それぞれの映画祭を語る

映画祭には様々な人たちが関わっている。だれもが映画を愛し、映画を考える人たちである。その仕事や活動は千差万別だが、その彼方にあるものは共通している。映画祭とは、映画にとってどんな意味をもっているだろうかということである。ジャーナリスト、プロデューサー、ディレクター、興行者として、それぞれの立場から映画祭に向かいあうなかで、課題や思いを語ってもらった。

写真：石飛徳樹

interview_Yoshihiko YATABE

矢田部吉彦

東京国際映画祭
バランスとジレンマの中で

取材・文＝塚田泉　撮影＝助川祐樹

東京国際映画祭に関わるまで

塚田　矢田部さんはかなり変わった経歴をお持ちですよね。東京国際に関わられたとほぼ同じ時期にフランス映画祭にも関わられて、あとはプロデューサーとして活動されている。そこに至るまでのお話に触れたいのですが。

矢田部　かいつまんでお話しますと、そもそも会社員だったのです。興銀に勤めていました。当時、大学生時代はバブルだったので、あまり深くは考えてないかったと思います。映画は大好きで観ていました。仕事にするということ全くは考えたこともなかったですね。

塚田　大学生の頃はセゾン文化花盛りの時代ですよね。映画の世界に入っていきたいという人もかなりいたと思うのですが。

矢田部　まあ家がかなりカタギだったので（笑）、エンタメビジネスというところには全然頭がいかなかった。それで、銀行員になったのですが、向かないなということにすぐ気づきまして、どうしていいかわからない。会社から留学をしまして、ロンドンの郊外の大学だったんですが、そのキャンパス内に映画館がありまして、そこで映画をひたすら観ていました。日本で公開される映画が世界で作られている映画のごく一部でしかないと思いましたし、これほど普通に面白くて、これほど日本に入っていかない映画があるのかというのを改めて目の当たりにしました。外国の面白い映画を日本に紹介する仕事があったら、それはやりたいことだというふうに凄く思いましたね。

塚田　では、帰国してすぐに映画の道へ？

矢田部　映画の買い付けを始めたりとか、お世話になったドキュメンタリー映画の監督から作品つくらないかと言われたりとか。その頃すでに30代も半ばに差し掛かっていたので、これから映画会社のドアを未経験で叩いても誰も開けてくれないだろうなと思いまして、じゃあ自分で始めるかということで、退職金で映画の買い付けをしたり、フリーで始めました。

塚田　興銀を辞めてまでやりたかった一番の目的は、映画祭のようなものを通して海外の映画を紹介していくということなのですね。

矢田部　はい。映画祭の空間というのは、自分はお客としてたくさん映画祭に通って、そこの空間がものすごく好きでしたし、見渡す限り映画という空間がもう気持ちよいお風呂に入っているように、あまりに自分の体にフィットして、この場にずっといたいというふうに思わされました。ロンドンの映画祭でプログラミングディレクターの人が登壇して「自分で選んだ作品の監督を皆さんにご紹介できることはとても光栄でうれしいです。さあ監督どうぞ」、みたいなプレゼンテーションがあって、ああ、あの仕事をしたいなということをとっても強く思ったことを覚えていますね。

東京国際映画祭の仕事

塚田　東京国際に最初に関わられたのは何年ぐらいですか?

矢田部　僕が仕事として関わったのは第15回からですね。16年前になります。渋谷でやっていた時代に、もちろん何回かお客として観にはいってましたけど。帰国してすぐに仕事として関わるようになりました。

塚田　どのような形で入っていかれたんですか?

矢田部　まずフランス映画祭を手伝うようになりました。たまたまフランス語ができたので縁があったのですけど。

塚田　矢田部さんはパリ生まれですよね。

矢田部　これはねえ、プロフィールに載せるか載せないかいつも迷うんです（笑）。広報がアピールできるものは全部出した方がいいと言うので、恥ずかしながら載せているのです。フランス映画が大好きっていうこともありますが、フランス映画祭を手伝っていたところ、ちょうどフランス映画祭と東京国際をかけ持ちしているスタッフの方が、僕がフランス映画祭で走り回っているのが目にとまったのでしょうね。東京も手伝わないかと言われて是非是非、という形で参加したのが第15回ですね。

塚田　15回というと2002年。最初にどんな仕事を?

矢田部　最初は、その年から大勢のボランティアを募集し始めたので、その100人ぐらいのボランティアのとりまとめをやりました。幸いに僕はボランティアではなくスタッフとして入れてちゃんとギャラをもらえたのです。その翌年に配給会社との交渉係になって、さらにその翌年から作品選定チームに入って、徐々に作品選びに関わるようになっていったということです。時間は早かったですね。

塚田　それはなぜだと?

矢田部　誰よりたくさん映画を観ていたということはもちろんあると思います。ある程度、社会人としての経験があったということもあるでしょうし、フリーランスだったというのももしかしたらよかったのかも知れません。これだけ私が続けられているというのも、映画祭は、東宝、東映、松竹、角川から出向されている方が多くて、映画業界の協力によって成り立っている。ニュートラルな立場のフリーランスが入るということで、なにかしらプラスに働いた部分はあるのかなと思いますね。

塚田　映画祭に関わる中では映画をたくさん観ていくことになると思うのですが、年間600本ぐらい見ているそうですね。

矢田部　去年は700本とかでしたけど、だいたい600本ぐらいどうしてもいきますね。会社員時代は300本ぐらいでした。とにかく暇があれば映画館に行ってましたので。今は仕事ではDVDが多いですけど、それを合わせて600本～700本という感じですね。

東京国際映画祭の変遷と苦労

塚田　東京国際映画祭の変遷を、矢田部さんがご存知の範囲でかまわないのでざっと教えてください。

矢田部　作品面でみますと、最初はヤングコンペティションが中心で、アジアの若手を発掘しようというコンセプトがはありました。そこから総合的なコンペティション、世界に目を向けようというようなビジョンに変わっていきました。僕が入る第15回前後ぐらいから、もう少し選んでいる人の顔がちゃんとわかる映画祭が望ましいだろうということでプログラミングディレクターという制度ができた。その少し前ぐらいから市山尚三さんがアジア部門でとても個性的なプログラミングをされたり。その後を継いだ暉峻創三さんもそうでしたね。ですから市山―暉峻さんのラインで異常にアジアのプログラミングが充実してきたというところがあると思います。そこで総合的なコンペの方は、吉田佳代さん、田中千世子さんという人たちの後を私が引き継ぐわけですけども、アジアの方が先行して充実していたところを、私がちょっとワールドシネマ（今はワールドフォーカス）というものを立ち上げたりして欧米系の作家もきちんと取りあげられるような環境をつくろうとしたという流れだと思います。
塚田　日本における映画祭というものが、アートの祭典ということだけで成り立つのかということもあると思うのですが。
矢田部　そこが話の核心にも関わるところだと思うのですが、僕の本音としてはそうであるべきだと思うのですが、やはりそれでは映画祭が成り立たない。エンタテイメントとしての映画というものも映画祭で内包する形で見せていく。エンタテイメントとアートの祭典というふうなバランスというのは、私が仕えた最初のトップは角川歴彦さんですが、その角川さん時代からエンタテイメントとアートの両方をやるいうことで、それはその後の依田さんにも椎名さんにも、今回の久松さんにも、引き継がれていて、僕もそこはいい意味で意識しているところです。

舞台での司会　©2016 TIFF

塚田　それで、発端としては……。
矢田部　第一回の85年当時のことは私も詳しくはわからないのですが、ただやっぱり業界がアジアに映画祭がないのでつくろうということで、業界主導型で始まりましたので、やはりビジネス主導型と言っていいのではないですか。最初から映連各社の協力のもと始まった映画祭ですので。
塚田　アートとエンタテイメントの祭典とおっしゃっていましたが、矢田部さんとしてはそのあたりのバランスがいちばん苦労されている部分ということになりますか？
矢田部　そうですね、これはやっぱり最大のジレンマかもしれないですね。ただ、そこはいい意味で大人になったと思うんですけれど……これをポジティブに話すのはとても言葉を選ぶところなんですが……。要は映画祭というのはめちゃくちゃとてもお金がかかるものです。チケット収入だけでは絶対に運営費をまかなえない。つまり、国の助成金というのが不可欠であると。たとえばカンヌ映画祭というのは文化予算が多いので、国のお金でかなりの部分をまかなえている。フランスのケースを学んだ韓国も同じ形をとっています。
塚田　釜山国際映画祭ですね。
矢田部　釜山も今、いろいろと揺れていますけれど、そもそもは文化予算が投入されている。日本は早くから映画産業が発達していたというところがありますし、そもそも文化予算の割合が他の国に比べて決して高くないという状況の中で、映画は文科省、文化庁の助成ももちろん得ていますが、最大のスポンサーは経済産業省なのです。経産省である以上は……、というのもまたおかしいのですけど、やはり映画のビジネス面というのも重視していかなければいけませんし、そこからＴＩＦＦＣＯＭというマーケットをきちんとつくって、日本の映画ビジネスというものを全面に押し出していかなければいけないと。しかし、あまりにもそっちに行き過ぎてしまうと……。僕はやはり映画祭の役割というのは、映画館ではかからないかもしれないけれども、その映画監督の芸術性が発揮されていたり、一部の熱狂的ファンがとても待ち望んでいたり、そういった商業ベースにのらない作品を上映していくことこそが映画祭の役割だと思いますので、そこのバランスというのは、とてもとても考えます。一方で、ほんとに映画アート村のお祭りが、やっていていちばん気持ちいいでしょうし、いちばん楽しいでしょうけれども、そんな映画シネフィル村の中だけで満足しているお祭りも、それはそれで僕はよくないとも思うのです。

塚田　フィルメックスなんかはそれに近いですか？

矢田部　近いですね。それはあっていいと思うのです。でもせっかく大きなお金をかけてやっている東京国際は、やっぱり両方のバランスをみながら、商業映画を観る人が、ある日アート映画に気づいてほしいっていうふうにも思いますし、小さな映画村に満足しないでもっと大きなエンタメ映画と一緒にやろうよっていうところも映画にとって大事だと思いますし。だからその両方があるということを、僕は今、とても前向きに捉えています。

塚田　つまりはそこのバランスですよね、いちばん大切なのは。

矢田部　そうです。ただコンペ作品を選んでいて、どうしてもアート系に偏りがちですけど、やっぱりアート系に偏りすぎると地味だと言われ、商業系に、エンタメ系の作品をたくさん選ぶとコマーシャルだと言われ、両方のバランスをとると中途半端だと言われ、じゃあどうすればいいのだみたいなことはいつも悩むのですが、東京国際をやってる以上は常にジレンマにさいなまれていますね。ただそれは、むしろいいことだと思っています。東京国際にしかできないことなので。

塚田　ジレンマというのは、映画の作品選定も色々あって、その中で矢田部さん自身がこれがいいのではないかという望みと、合議制で決められるものとがあって、その中での葛藤みたいなものがあると思いますが、そのへんを具体的に教えてください。

矢田部　そこは単純に悩みどころで、たとえばコンペは最終的には僕が決めるのですけども、それまで色々な人の意見を聞いていろんな相談を繰り返します。幸いなことに今まで魂を売らなければいけないことはなかった。たとえばボスが、スポンサーがこれをやれ！と言ってるとか、そういう圧力を僕は11年やってますけど、幸か不幸か1度もなかったですね。

塚田　魂を売ったことがないというのは、屈しなかったという意味ではなく、圧力自体がなかったという意味なんですね。それはすごい。

矢田部　そこはよかったと思いますね。今までのチェアマンとかヘッドの人達は最終的に任せてくれたので。ただ、もっとアーティスティックな面でほんとにこれはいい映画だとか、僕の身勝手ではないだろうかとか、あるいは僕には全く理解できないけれど、実はいいのではないかとかっていう悩みはしょっちゅうあって、それは徹底的に議論し尽くしますね。ただ上映できる本数が少ないので、最終的にはあれもやりたかった、これもやりたかったという後悔は常にあります。

できるだけ旬の作品を

矢田部　またもうひとつのジレンマの話に繋がるんですけど、今、世界で上映されている新作をそのまま東京に持ってきたいという、国際映画祭として一周遅れになりたくないという……。

塚田　コンペの作品とかで言われるのが、受賞した作品がなぜすぐ公開されないのか、よく聞くことがありますが。

矢田部　たとえばカンヌでも受賞した作品が日本で公開されるのは1年後です。なぜならできたてほやほやの作品を上映しているから。で、東京国際も同じことをしようとしていて、なるべくできたてホヤホヤの秋の作品を東京で見せると。それは、トロントで上映されて話題になりました、直後の東京でやってますっていうような、その世界の映画祭サーキットを回っている旬の、その瞬間の季節の旬の作品ってあるわけですよね。それを、トロントのカナダのお客さんとかベネチアのお客さんとかは体験できているわけですよ。その同じ体験を東京の人にもしてほしいと。自分がお客さんだったらそういうものを観たいので、なるべく新しい作品をもってきたいと。でも新しい作品を持ってくる＝配給会社がついていない、これから配給が決まるので。そうなると字幕やなにから全部映画祭でつけないといけない。字幕1本つけてどうのこうのやるのに70～80万かかる。その10本上映したら約1000万かかっちゃう。そのためにはどういうお金の集め方をしなくちゃいけない、みたいなところに繋がっていくので。だから放っておくと、お金がない、じゃあもっと配給付きの作品をやろうよという話になっていくと、それはそれで映画祭としては成り立つんですけど、今の旬をとらえることがだんだんできなくなっていく。そのあたりもジレンマが起こってくるのですよ。

塚田　私もどれをみようとか決めるとき、配給のクレジットがある作品は後回しにしてしまう傾向があります。

矢田部　そうですよね、コアなファンはどうせ公開されるのだから後回しでもいいだろうと思うのですよね。そうじゃない、ここで観なければもう観れないかも！というものから観ていくというそれが映画祭の醍醐味なのですけど、公開されない作品ほどお金がかかるので（笑）。もちろんそのために映画祭をやっているのですけど（笑）。

塚田　どの部門も選定はたいへんだと思うのですが一番はコンペですか？繰り返しになりますが、その際に矢田部さんとしていちばんポイントにしているのはどんなところですか？

矢田部　そうですね。バランスの問題とか、新人コンペじゃないので、ある程度キャリアのある監督を競わせたいというのはあります。あと地域のバランスもある程度とっていきたいなというふうにも思います。さらに、アート映画10本、15本並べてどうだ！ではなく、ヒューマンドラマがあってサスペンスがあって、コメディもあっていいなというジャンルのバランスも気にしますね。色々なファクターを気にしながら、最終的にクオリティの高い作品をというところが絶対条件なので。ではクオリティ高い映画って何だろう、面白い映画って何だろう、作家性って何だろうとか、というところを悩んでいって、最終的には自分の好みをもちろん信じて、これは絶対面白いはずだという自分の感性みたいなものは信じなきゃいけないというところはあります。最終的な拠り所は、作家性、この監督の将来を応援したいかとか次回作が観たいかとか、やりたいことが、監督の指紋がちゃんとプリントに刻印

されているかみたいなところは、ひとつの指針にはなりますね。

東京国際映画祭の独自性

塚田　もちろんバランスをとることは大事ですが、映画祭力というか東京国際としての独自性、インパクトを与えられるようなものがあるとすればどんなものだと考えますか？

矢田部　やっぱりアジア映画の充実というのはひとつ東京国際の与えうるインパクトですね。

塚田　釜山も世界的な作品の紹介が多い。そうすると近くの東京だから、東京としての独自性をどういうふうに出していくのかなと。

矢田部　そうですね、釜山とはうまく住み分けといいますか、各映画祭が応援するディレクターがいると思うのですけども、一方でやっぱり、たとえばカンヌでアジア映画が紹介される本数がすごく減ってきているのです。それはベルリン、ベネチアも多かれ少なかれ一緒で。やはりアジア映画で東京、釜山が紹介すべき映画というのはたくさんあります。アジアの未来やコンペなどで紹介するアジア映画ってほとんどワールド・プレミアですし、ここから、アジアから世界に広がっていく作品というのが多いです。で、東京国際のために作っているアジアの作家達も多いので、東京国際のために間に合わせたという人も多く出てきているので、欧米からも注目し

てもらえるところだと思いますね。他に映画祭が与えられるインパクトというのは、日本映画の発信というもうひとつの大きな柱があります。マーケット的に、ビジネス的な面でいうと、僕が東京がもっと全面に押し出すべきだと思うのは、ミニシアター文化が前ほどではないとはいえ、それでもやはり欧米系のインディペンデントの映画が映画館で公開される文化が残っている国は、アジアを見渡してもほんとに東京ぐらいで他にないですよね。

塚田　東京という都市が世界の都市の中でいちばんいろいろな国の映画を観られる、というのは以前から言われていますよね。

矢田部　僕はそれに若干異論があって、パリか東京かどちらなのかなというふうに思いますね、パリに住んでいるとやっぱりすごいなと思うのです。ちょっとニューヨークはあまりよくわかりませんが、そう言う意味では東京はやっぱり有数の都市なので、映画祭で映画を上映するだけじゃなくて、ちゃんとマーケットが機能していて、そこにバイヤーが来てその次にビジネスに繋がる可能性があるというのは、出品者にとっては大きなメリットというか、モチベーションになるので。これは東京国際のひとつの、アピールできる要素だと思います。マーケット（ＴＩＦＦＣＯＭ）の方は右肩上がりで成長していますので、映画祭の方もタッグを組んでいきたいですよね。

映画祭の仕事を顧みる

塚田　東京国際が終わってからはどうされているのですか？落語をやられているそうですが。

矢田部　はい。終わった後は残務処理を済ませて。まあ趣味はいろいろあるのですが、落語は一人で出来るし、歩いている間にブツブツ言っていれば稽古になるので（笑）、忙しくてもできる娯楽で非常に助かっています。それに終わった後は、去年も、すぐに広島国際映画祭に行きました。とにかく映画祭に行くのが好きなのです。長い休みを10年以上とれていませんが、とれたとしたら映画祭に行っちゃうと思いますね。

塚田　海外の映画祭だけでなく国内のものも？必ず回るのはどんな映画祭ですか？

矢田部　国内では必ず回る映画祭はなくなってしまったのですけど、ゆうばり（ファンタスティック国際映画祭）は毎年行ってましたが、ちょっとここ1〜2年行けてないです。1月に入るとロッテルダム、ベルリンが始まりますし、その間にヨーテボリーというスウェーデンの映画祭に行ったり。3月が香港で、今年は4月にイランの映画祭に行って、5月がカンヌ、そうしていると6月、7月でこっちの選定が本格化して、7月には最後の出張、フランスとイタリアに行く。なので結局1年間、途切れないですね。

塚田　海外に行かれて、外からみて東京国際の輪郭とか色彩とかはどうなのですか？こうした方がいいとか、このへんはへこんでいるなとかいうことを、外からみてあるものなのですか？

矢田部　ちょっと質問からずれてしまうかもしれないですが、圧倒的に作品数が少ないと思います。ただ、今の予算とスタッフと会場のキャパからすればほどよい数だと思いますが、釜山にしてもトロントにしても、ベルリンにしてもロッテルダムにしても、上映できている数がとても多いので、われわれ結果的にお断りしなければいけない数がけっこう多いのです。そうなると、おつきあいの機会を逃してしまっている映画作家の方がたくさんいることになるのでもったいない。来てくださった監督たちは、とっても満足して帰っていただいているのですが、数をもっと増やさないと、認知度も含めてもっと広がっていかないなというのが課題だと感じますね。本当にまだまだたくさん悩んでいることはあります。

［２０１７年９月20日　東京国際映画祭事務局・ユニジャパンにて］

矢田部吉彦（やたべ・よしひこ）
東京国際映画祭プログラミング・ディレクター

フランス・パリ生まれ。スイス育ち。日本興業銀行（現・みずほ銀行）に勤務。退社後、映画の配給、宣伝を手がける一方、ドキュメンタリー映画のプロデューサー及びフランス映画祭の運営に携わる。その後、東京国際映画祭に入り、上映作品の選定を行う作品部の統括を担当。同時に「日本映画・ある視点」（第17〜25回）「日本映画スプラッシュ」（第26回〜）部門のプログラミング・ディレクターも務める。映画の生え抜きスタッフとして、2007年から「コンペティション」部門のプログラミング・ディレクターに就任。

interview_Yoko OOTAKE

大竹洋子

東京国際女性映画祭
映像が女性で輝くとき

取材＝小笠原正勝　文＝沼田梓　撮影＝助川祐樹

女性の力で映画が輝くとき

小笠原　東京国際女性映画祭は、1985年に第一回東京国際映画祭が行われたときの協賛企画として、カネボウ国際女性映画週間という名称で始まった、日本で初めての女性監督の映画祭だったわけですが、どのようないきさつだったのですか？

大竹　当時、ようやく日本も文化的に世界に認められて、経済的にも豊かな時代でした。アジアで初めての国際映画祭が生まれると知って喜んでいたある日、準備委員会の企画委員でヘラルド・エース社長の原正人さんから「国際女性映画週間のプロデューサーになっていただけませんか？」という電話が髙野さんにかかってきました。その時に髙野さんは「女性映画祭というのは、どういう意味ですか？ 女性監督の映画ですか？それとも女性が出ている映画という意味ですか？」と原さんに聞いたのね。原さんは最初から「女性監督の映画祭です。」と言ってくれた。女性映画祭がスタートできたのは原さんのおかげですね。本当に。

日本で最初の女性映画監督の特集

小笠原　女性映画週間ではどういうことを目指したのですか？

大竹　私たちが女性映画週間をやった目的は2つありました。一つは世界の女性監督の作品を紹介すること。当時、女性監督の作品は世界にはすでに沢山生まれていました。76年に始まった国連婦人の10年の運動が映画の世界にも反映していたこと、85年はその最終年で日本でもこの年に男女雇用機会均等法が成立しています。岩波ホールでも女性監督作品を何本か上映していましたが、女性監督の特集というものではありませんでした。それで映画を撮っている世界の女性たちと彼女たちの作品を日本へ紹介しなければと。二つ目は、日本に女性監督を輩出すること。そんなに大昔ではないのよ、85年のことですからね。でもその当時の日本にはね、劇映画の製作を職業とする女性監督は一人もいなかった。ドキュメンタリーの監督は羽田澄子さんをはじめ何人かいましたけれど。

小笠原　立ち上がるときの女性映画週間は、スポンサーにカネボウと電通がついていましたね。

大竹　お金の話をすると、カネボウも、最初のうちはもっと若い綺麗な女の子が出る映画が良いなどと言っていたようですが、髙野さんと私で社長に会いに行って説明しました。こういう映画祭を私たちはしたいのだと。それを伊藤淳二さんという当時の社長がとてもよく理解してくださり、部下の人々にもちゃんと話してくださった。予算も沢山つけていただいた。だからカネボウとは非常によい関係がつづきました。世界映画祭の企画も充分に実現できましたよ。世界中から監督や俳優を呼べたのね。

国際女性映画週間のスタート

小笠原　85年の第1回には、本当に素晴らしい人たちが集まりました。

大竹　フランスのクレテイユ女性映画祭が世界で一番古い大きな女性映画祭です。髙野さんはフランスに強いから、そこのジャッキー・ビュエというディレクターに相談して彼女が良いという作品をどんどん紹介してもらったのです。この第1回にジャンヌ・モローさんが監督として参加してくれました。私たちそんな大スターとの経験がないから（笑）ずいぶん失礼なことをしてしまいました。映画祭のゲストの宿泊先は旧赤坂プリンスホテルに決まっていましたが、モローさんはスイートの部屋にする、という考えもなく、また開幕式はＮＨＫホールでしたが、他のゲストや私たちスタッフと同じバスに乗せてしまったり、モローさんのご機嫌を損じることをさんざんやってしまいました。でもこの人たちは一生懸命やっているのだということが解ったらしくて、私たちはすぐにとても親しい関係になりました。私は可愛がられて得しちゃったのね。なにしろあんまり素敵だから何をするのも写真に撮ったのです。エレベーターの中でも食事の時もあれもこれも撮っていたら、「あなたは私の小さいパパラッチよ」って。ダイアナ妃の死のずっと前のことですよ、でもパパラッチの意味はフェリーニの映画で知っていました。

女性が作った文化を加えて人間の文化を作る

小笠原　最初の頃で、何か、印象に残っていることはありますか？

第1回カネボウ国際女性映画週間 記者会見

大竹　第1回の記者会見をしたときのことです。ゲストがずらっと並びました。中国、旧ソ連、ブラジル、ドイツ、フランス、仏領マルチニック、日本の女性監督と出演者がそろい、壮観でした。記者やカメラマンも２００人くらい集まりました。ほとんど男性です。「どうして女性が映画を作るのか？」という質問が出た時に、ジャンヌ・モローさんが「今までの文化は男性が作った文化だった。だけど私たちは女性の文化を付け加えて人間の文化を作るのです。もし男性のコピーのようなものを作るのならやらない方が良い」って答えた。それはね、私たちにとっても初めての女性映画祭にとっても非常にありがたい言葉でした。その中に私たちの映画祭の趣旨はすべて含まれ、以来私たちの指針になったのです。

女性の力で映画が輝くとき

小笠原　女性映画祭では作品を発掘して上映して、ということだけれど、髙野さんや大竹さんは作品の選定やテーマをどのようなものにしていたのでしょう。

大竹　女性映画祭では「映像が女性で輝くとき」というサブタイトルを始めからつけていました。その他にも〝歩きつづける〟とか〝それぞれの挑戦〟などというテーマをかかげたりしましたが、どの回もそうではないかということでテーマを決めるのは止めて、とにかく女性ならではの作品を集めました。

小笠原　このサブタイトルは全体のテーマでしたね。

大竹　じつは、私はこのタイトルはあまり気に入らなくて、正しくは「映像が女性の力で輝くとき」なんですよ。女性が作ったということ、女性監督の力によって映像が今までと違う輝きかたをするのだという。それから、私たちは最初から「女流」という言葉を取り去りたいという意識をすごく持っていました。当時、女性監督は女流監督と呼ばれ、女流作家とか、女流画家とか、様々な職業に女流という言葉がつけられるのは差別だと感じていました。「男流」という言葉はないわけですから。今はもう女流という言葉はほとんど使われなくなりましたよね。ただ将棋の世界には残っています。

第2回カネボウ国際女性映画週間 ポスター

小笠原　この第1回からヴィジュアルは僕が担当していたのです。ある日突然、髙野さんから電話がかってきて「ちょっとデートしない?」って。驚いて巣鴨の駅に行ったら、そうしたらポスターを作ってほしいという。わざわざ出向いてきてスポンサーの話などを始めたのね。予算がないけれど、なんとかしてくれるかしらという意味が込められていた感じでしたね。

大竹　タダでやってと言うのでしょう（笑）。

小笠原　とは言ってないけれど。それでデザインのコンセプトをいくつか作った中で、蝶を、女性の輝きというか、飛翔するイメージのデザイン案にして持っていったら、髙野さんが「私、蝶は嫌いなの！」って（笑）。でもしばらくして「まぁいいわ。小笠原さんに頼んで、出してきてくれたのだから、私がこれから20年かけて蝶を好きになるわよ」って言ってました（笑）。

大竹　本当に髙野さんらしい！

彩の国さいたま国際映画祭

小笠原　14回目に女性映画週間から東京国際女性映画祭に切り替わりました。女性映画祭自身もそこで大きな変化はありましたか？

大竹　カネボウが撤退して経済的に苦しくなり

ました。東京国際映画祭から離れて少し寂しかったこともあります。ずっと一緒にやってきましたから。それから蝶のデザインを女性の顔に変えました。これも小笠原さんのデザインです。

小笠原　国際映画祭として自立したということではないですか。それまで女性映画週間でしたから。そういう女性映画祭も続ける中で、彩の国さいたま国際映画祭というのをされていますね。

大竹　１９９９年4月から２０００年3月にかけて一年間ね。サブタイトルに「世界の名画でつづる20世紀の人々」とつけた国際映画祭です。

小笠原　最初はどのようにして企画されたものなのですか？

大竹　彩の国さいたま芸術劇場が94年に出来て、諸井誠さんが最初の芸術監督でした。映画の好きな方で、女性映画祭も97年と98年に一部やっていただいていましたが、開館5周年を記念して色々なテーマで一年間の映画祭をやりましょうって申し出てくださいました。一年間で第1部から第6部まで、毎週末に映画を上映することになって、最初はオープニング・プレミアで『笑う男』を上映しました。これは凄かった。

小笠原　映画史に残っている作品ですよ。

大竹　だけど東京ではみんな観ていないから知らないのよね。映画史に残るアメリカの無声映画でそれにフランス八重奏団とピアノの生音楽をつけて上映したのです。カンヌの監督週間の元ディレクターで、私たちの友人、ピエール＝アンリ・ドローさんの協力によるものです。素晴らしかったですよ。映像ホールは小さいのでオープニングは大ホールを使った。それから「日本映画」、「アメリカ映画」、「アジア・女性監督・中南米映画」、「フランス映画」、最後は「田中絹代特集」。大ホールと映像ホールを使い分けて一年間がんばりました。予算も沢山あって、いま思うと夢のような映画祭でした。白井佳夫さん、品田雄吉さん、ユニフランスのローラン・アラリーさんたちに監修と講師をお願いして、全部で66本、皆勤賞のお客さまが何人もいて、毎回満席でした。

小笠原　それぞれの色々な人が、それぞれに作品を選んで、テーマを作ってやったということですよね。

大竹　アジアの部では髙野さんが韓国舞踊を踊ったのですよ。髙野さんの踊りの先生、金梅子（キム・メジャ）さんとお弟子さんたちもソウルからお呼びして話題になりました。

小笠原　最後は田中絹代特集ですね。

大竹　この頃から香川京子さんが私たちのサポーターになってくださいました。今も応援してくださっています。諸井さんは本当に素晴らしかったわね。熱心でいつもちゃんと会場にいてくれたし。亡くなってしまわれましたけれども。

小笠原　僕のポスターの展覧会までやってくれました。行く度にごちそうしてくれたし。あのような方はなかなかいないですね。

東京国際女性映画祭を終えて

大竹　映画祭を25回でやめた時、髙野さんは入院中で、でも映画祭をつづける力を失っていたのは確かです。お金がなくてやめたのだという噂が流れたけれど、でもそうではありません。私は映画祭というのを凄く厳密に考えていてね。外国の映画は別ですけれど、日本の映画の場合は、日本で初めての上映作品として映画祭で上映したかったのです。でもそうするとせっかく良い作品があっても「映画祭まで上映を待っていただけませんか？」ってお願いしてもみんなお金ないでしょう？ それまで待てないからと断られた作品がずいぶんあるのです。それから外国からの監督も女性映画祭よりは東京国際映画祭のほうが良いと思うから、じゃあ東京国際映画祭が駄目って分かったら女性映画祭でしましょうと言われて待っていると時間が経っちゃうでしょう？ プログラムが決められない。それでできなかった映画もたくさんあったのです。そういうことからね。つまりは、世界の女性監督作品を紹介することと、日本に女性監督を輩出すること、その二つが初期の目標でしたが、27年間25回のあいだには日本の女性監督がずいぶん生まれたのですよ。49名ぐらいかしら。それから、はじめのうちは女性でしか作れないような映画をコツコツつくっていましたけど、やっぱりモローさんが言ったように男性のコピーみたいな映画が、そういう監督も出てきたわけですよ。テレビ局も取材させてほしいけれど、35歳以下の人にしてくださいなんてとんでもない

第25回東京国際女性映画祭のゲストたちと

ことを言ったりしてね。そういうことを聞いているうちにがっかりしてしまったのね。もうとにかくこれだけ女性監督も女性監督が作った映画も出したから、ここでひとまずケリをつけよう、初期の目的は一応達成したからここで最後にしますっていうご挨拶を髙野さんが最後のパンフレットに書いています。

小笠原　そのように女性映画祭は終わったわけですが、どんな感慨ですか？

大竹　私、髙野さんが亡くなった時に岩波ホールの「友」に原稿を書いたのです。これは山崎博子さんの意見ですが、髙野さんは天照大神だから、今あまり良い女性監督の作品がないので天岩戸に隠れているのだと。みんなが大声で髙野さんを呼ばないから、大竹さんも呼ばないからダメです、なんて言うのね。それで私は良い女性監督の作品が生まれたら、きっとまた髙野さんは出てくるかも知れないというような原稿を書いたの。それはちょっと評判になりましたね。実は今年、フランスと日本に非常に良い女性監督作品が生まれていて、髙野さんに見せてあげたい、私も上映したかった、とても残念に思っているところです。それと今年、私の誕生日にモローさんが亡くなってしまいました。89歳でしたけれど、こんなに悲しいことはありません。

［2017年9月12日　渋谷トップルーム道玄坂にて］

ジャンヌ・モローさんと

大竹洋子（おおたけ・ようこ）

元岩波ホール企画室長、元東京国際女性映画祭ディレクター

1935年、横浜市本牧生まれ。附属中学、附属高校を経て日本女子大学文学部国文学科卒業。1975年、岩波ホール入社。総支配人髙野悦子氏のもとで、エキプ・ド・シネマ（映画の仲間）運動に携わる。1985年、髙野氏と共に東京国際女性映画祭（旧称 カネボウ国際女性映画週間）を立ち上げ、日本の女性映画監督の輩出に専心する。1995年退職後は女性監督作品、韓国映画、中南米映画、ポーランド映画の紹介に力を注ぎ、各地の女性映画祭を手伝う。現在、公益財団法人日韓文化交流基金評議員、公益財団法人川喜多記念映画文化財団評議員、一般社団法人日本ポルトガル協会文化担当理事等を務めている。2008年山路ふみ子映画功労賞受賞。2013年、ポーランド映画普及の功績によりポーランド国文化功労章受章。

interview_Atsuko SAITO

齋藤敦子

カンヌ国際映画祭
世界の映画祭のキーワード

取材＝小笠原正勝　文＝小林幸江　撮影＝野村志保

世界映画祭の頂点 カンヌ国際映画祭

小笠原　齋藤さんは長年にわたってカンヌ映画祭を取材されていますよね。最初にカンヌに行ったのはいつ？

齋藤　最初は1983年です。私は80年にフランスに渡り、81年からパリの映画学校で勉強していました。映画学校の2年目に、ちょうどパリにいるのだしカンヌ映画祭に行ってみようかな、と思ったのがはじまりです。

小笠原　フランスに渡ったのは映画学校で勉強するため？

齋藤　そうです。

小笠原　83年のカンヌ映画祭はどんな内容でした？

齋藤　後で気づいたんですが、その年はカンヌにとってちょうど転換点。それまではクロワゼット通りにある由緒ある上映会場を中心に行なわれていたのだけど、港の突端に大きなコンベンションセンターのような建物を新しく建てて、そちらに移った年でした。それからカンヌ映画祭はどんどん巨大化していったのです。日本からは大島渚監督の『戦場のメリークリスマス』と今村昌平監督の『楢山節考』が出品され、『楢山節考』がパルムドールを獲った年でした。といっても、当時の私はカンヌ映画祭について、有名な映画祭ということくらいしか知りませんでしたけれど。

小笠原　カンヌ映画祭に行ったのは、いずれ映画の仕事をしようと考えていたから？

齋藤　特にそういう意識はなく、当時映画学校に通いながら月刊イメージフォーラムに映画評を書いていたので、カンヌに行ってみたいと頼んでみたら月刊イメージフォーラムからプレスの申請を出してくれたんです。カンヌは映画関係者向け、いわば映画のプロ向けの映画祭なので、チケットの一般発売はないのですよ。他の映画祭は、ベルリンにしてもベネチアにしてもチケットを販売しているし、主体は観客です。ですがカンヌだけは映画のプロが主体なんです。だからカンヌで映画を観ようと思ったらプレスパスや業者パスなどを手に入れる必要があります。

小笠原　一般の人がカンヌ映画祭で映画を観る機会はない？

齋藤　ありません。ただし映画祭に協力している街の人に対してチケットが配布されることはあります。だから街の人が観られる上映回はあるのだけど、チケットを普通に買って入場するということはできません。

小笠原　カンヌには何年くらい通っているのですか。

齋藤　83年に初めて行き、84年から86年は帰国してフランス映画社で働いていたので行けず、87年に再び行きました。それからは毎年休まずにカンヌに通っています。

小笠原　カンヌ以外の海外の映画祭に行くことも？

齋藤　フランス映画社の副社長だった川喜多和子さんが亡くなった93年、その頃にはもう私はフランス映画社を辞めていましたが、社長の柴田駿さんから依頼されて行ったのがベネチア映画祭。ベネチア国際映画祭はその年に初めて参加し、翌年と翌々年は不参加でしたが、95年から2012年まで通いました。ですからある時点までは、5月にカンヌ、9月にベネチア、11月にナント三大陸映画祭と、年3回は海外の映画祭に行っていました。

小笠原　移動も大変ですね。

齋藤　大変ですけど、そういう機会でもないとまとめて映画を観られませんからね。それに日本にいると世界の映画を俯瞰できないじゃないですか。映画祭に行けば世界の映画情勢がどう動いているかよくわかるし、友人たちにも会って話ができるし、自分にとっては得るものがすごく大きかったんです。

小笠原　現在はカンヌがメイン？

齋藤　そうですね、カンヌは世界の国際映画祭の中でも別格で、横綱みたいな存在。カンヌに行けば、他の映画祭の方向性や課題も含めて、ほとんどのことは分かります。

小笠原　ほかの映画祭にはないもの、カンヌで得たものはある？

齋藤　それは比較の問題ですね。カンヌがいちばん多くの友達と会えるし、映画においてももっとも重要な作品が観られるけれど、ほかの映画祭にも魅力があります。例えばナント映画祭に20年近く通ったのは、アジア、アフリカ、南米の、他の映画祭ではなかなか観られない作品や、カンヌには出てこないような若手の人たちの映画が観られる映画祭だから。独特なラインナップなのでとても勉強になるんです。

カンヌ副会場ドビュッシーのレッドカーペットの前で。親友のドイツ人ジャーナリストと

「映画」と「人との出会い」両方あるのが映画祭

小笠原　カンヌに30年以上通っている齋藤さんにとって、カンヌというのはどういう場所？　映画を楽しむ、映画を見つける、友達に会う……。

齋藤　私が映画祭に行き始めた頃に、ナント映画祭のディレクターをやっていたアラン・ジャラドー氏が「映画祭というのは、映画を観るだけではなく人に会わなければいけない」と言っていました。人と会って話をしなさい、〝映画〟と〝出会い〟の両方あるのが映画祭だと言われたのだけど、当時の私は映画を観ることが映画祭へ行く主目的だったので、最初はピンと来なかったのですが、映画祭に通ううちに知り合いが増えて、いろいろな話をするようになるとやっぱり勉強になるんですよね。ですからアランの言ったことは正しいと思います。映画祭は映画を観るとともに、人と出会って話す場所。

小笠原　カンヌ映画祭に課題はあると思う？

齋藤　フランスがやっていることだから、私が何を言おうと無駄ですし、基本的にはどうぞご自由にという感じですけれど。まあ、今は規模が大きくなりすぎていろいろ問題も出てきています。会場に人を収容しきれなくなったので会場を移すと言っていたけれど、結局、同じ場所で続けることになりました。映画そのものが右肩上がりではなくなってきているという問題もあります。それから、78年に「ある視点」部門を創設し、カンヌを今のような形にして仕切ってきたジル・ジャコブさんが引退したあと、映画祭としてどういう方向性を目指すのか、まだ見えにくいと私は思います。それでもやっぱりカンヌはすごくよく考えられた映画祭だし、フランスという国自体が映画を手厚くケアしていて、日本とは比べ物になりません。学ぶことのほうが多いです。

小笠原　最近、いきなりカンヌを目指して作られる映画が出てきているとか。

齋藤　それは全然かまわないと思うし、どんどんやるべきだと思うけど、フランスという国の特殊性をもう少し知ってからのほうがいいですね。フランスってめちゃくちゃコネが強い国なんです。どれだけ優れた才能があっても、新人の作品は採用されるとは限りません。カンヌは新人発掘もやっていますが、映画祭の中の映画祭という自負があるので、他の映画祭で受賞したことのない、まったく無名の新人が出てくるには、よほど強いコネがないと。ロッテルダム映画祭は、新人に門戸が広くて参加しやすいじゃないですか。フランスはコネがない新人には扉がなかなか開かないんですよ。

小笠原　先ほど、フランスは映画に対して制度がきちんとしていると言っていたけれど。

齋藤　フランスは世界においても、もっとも文化にお金を出す国だと思います。映画祭のようなものを立ち上げると公共機関からきちんと助成が出ます。日本では、まず映画が芸術なのか商品なのかというところさえ定まっていないでしょう。日本の映画は経産省と文科省の両方の管轄にまたがっているんですから。外務省も外国との合作協定に消極的ですし。

小笠原　日本にも映画祭は多いですよね。

齋藤　すごく多いですね。でも、カンヌはレベルが違うにしても、例えば日本を代表する東京国際映画祭を考えてみても、予算が増えても現場の方にはあまり回らず、どこか他の所に使われています。おかしな組織になっているのをみんなわかっているのに誰にも変えられない。それって枝葉のマイナーチェンジをしても無意味で、根本が変わらないといけないのですよ。いくら上映プログラムを見直しても、組織そのものが変わらなければ映画祭自体はちっともよくなりません。中をのぞいてみると、現場の人たちはいい作品をかけたいと考えているけれども、上層部は観客数が増えれば映画祭は成功だと思っている節がある。前年より観客数が多いとか少ないとか、そんなことばかり言っていたら全然よくなりませんよ。

小笠原　先日、東京国際映画祭で作品選定ディレクターを担当している矢田部吉彦さんに話を聞いたら、彼は作品選定においてはバランスをとることが重視されると言っていました。

齋藤　カンヌもそうだけど、結局はバランスになるのです。だって同じ国ばかりから作品を選ぶわけにはいきませんから。特に東京は映画祭の格にかかわるからコンペ部門にワールドプレミア作品を揃えろというようなことを言われるわけじゃないですか。でもそれって映画祭同士で作品の奪い合いになりますよね。そもそも、良作は他の強い映画祭で先に上映されてしまって、東京国際映画祭が開催される秋まで残っているものは少ないのです。東京国際映画祭の直前に釜山国際映画祭があるでしょう。だから東京でワールドプレミアする作品を選ぶというのは、かなり限られた作品の中から拾い出すという作業になる。それはいつも大変だなと同情しています。

小笠原　運営側の意識を改革していかないと。

齋藤　それもそうだし、日本の観客があまり芸術性の高い映画を観に行ってくれないということもありますね。ハリウッド映画のようなわかりやすい作品が好き。それも映画祭が育たない一つの要因だと思います。

小笠原　観る側の意識が低いとしたら、映画祭のレベルも……。

齋藤　東京の場合はもっとコンペやアジアの未来に注目が集まって欲しい。そこが映画祭の中心ですから。日本のマスコミにももっと頑張ってほしいと思いますし。

小笠原　レッドカーペットの有名人ばかりが目立ってしまうよね。

齋藤　レッドカーペットは映画と観客が触れ合える一つの場として、私はあっていいと思います。

第70回カンヌ国際映画祭会場（写真提供：石飛徳樹）

普通に映画を観に行く時には、映画の出演者に質疑応答する機会はなかなかないじゃないですか。ですからレッドカーペットとQ&Aは映画祭としての一つの答えだと思いますよ。

ネットフリックス問題に見えた インターネットと映画祭の関係

齋藤　日本でも映画祭全体を俯瞰して見られる人が指揮を執れるといいのだけど、日本の全ての組織がそうであるように、映画祭においてもアイデアを出して引っ張っていく人がなかなか出てきづらい。

小笠原　最終的に人物とお金の問題になりますね。

齋藤　映画祭って結局はディレクターの人間性が出てくると思います。釜山国際映画祭で最初のディレクターを務めたキム・ドンホさんという方がいますが、彼は釜山を立ち上げる前にいろいろな映画祭を見て回りノウハウを勉強していました。映画祭の最初のディレクターになる人は、そういうことをやらなきゃいけませんよね。ところが日本では何をやるにしても、誰か一人が突出するのを嫌がるじゃないですか。日本の特徴。みんなが横を見ながら頭が出ないように進めることになる。映画に強いディレクターを置くという考えがないんですよね。

小笠原　齋藤さんが理想の映画祭というものを考えたとき、カンヌはそれに近いのでしょうか。

齋藤　うーん、カンヌはやっぱり、フランスという国と切り離して考えることはできません。フランスは税制度で映画制作を援助する仕組みができあがっていて、映画会社だけでなく、テレビやビデオ産業など、映画を使用する他メディアにおいても年間予算の何%かを映画に還元しなくてはいけないという法律があるんです。そういうこともあって、今年、ネットフリックス問題が勃発したわけです。

小笠原　ネットフリックス問題とは?

齋藤　ネットフリックスというのはアメリカに本社をおく動画配信サービス。２０１５年に日本にも参入しました。定額制でインターネット上の映画が観放題になります。今年のカンヌのコンペにネットフリックス製作の作品が2本ノミネートされたのですが、フランスの興行界から、自分たちの税金で開催している映画祭に、税金を納めている一般のフランス人が観られないネットフリックスの映画を出すのはおかしいという抗議があって、結局、来年からはコンペにネットフリックスの映画は出品できないことになったんです。

小笠原　今年そういう論争があったんだ。

齋藤　フランスの映画館で公開された映画は、3年経たないとネット配信してはいけないという法律があるんです。今年のコンペで上映されたポン・ジュノ監督の『オクジャ／okja』はネットフリックスが製作した作品で、6月からの配信が決まっていたけれどフランスの映画館での公開は決まっていませんでした。だってフランスで劇場公開したら3年は配信できないのですから。おそらくネットフリックスとしてはパリの一部の劇場で限定公開して同時配信という形にするつもりだったらしいのだけど、フランス興行界は、フランスの映画祭に出た作品がフランス全国で上映されないのはけしからんと言ったのです。確かにその通り。だけどネットフリックスからするとフランスで公開したとたんにフランスでは同時配信できなくなるわけです。すごく揉めたのだけど、フランスの映画祭は税金で成り立っているから、興行界の意見に従って、ネット配信の作品はコンペに出さないということになりました。それがネットフリックス問題。ちなみに韓国ではそういう法律がないから『オクジャ／okja』を劇場公開と同時に配信スタートしたようです。

小笠原　映画とネットを一緒にしてほしくないという気持ちもあるのでしょうね。

齋藤　まあ難しい問題ですね。だってこれからはネット配信サービス向けに作られる映画は増えていくわけだから、それらを映画祭で上映しなくていいのかという問題が出てきます。それに今、インターネット上で開催されている映画祭もあるじゃないですか。オンライン上でノミネート作品を鑑賞して、視聴者による投票や審査員による審査で入賞作品が決まるというようなもの。映画祭の形はこれからインターネットを中心にして変わっていくと思います。今年はその発端の年だったのでしょう。

小笠原　映画祭にもインターネット要素が入り込んでいくんだ。

齋藤　でも映画祭というのは、映画を観るだけではなくて、場を共有して人と会ったり話したりするということが大切。そこから得るものが多いのです。フィジカルなコンタクトがなければ映画祭ではないと私は思います。だからインターネット映画祭は、映画をいち早く観られるという意味ではいいかもしれないけど、映画祭としてはどうなんだろうという気はしますね。

小笠原　根本的なところに立ち返ると、もともと映画はスクリーンで観るものとしてあって、それで映画祭が成り立ってきたでしょう。

齋藤　あっという間にデジタルになってしまいましたね。最初にカンヌのコンペでデジタル上映したのは、トルコのヌリ・ビルゲ・ジェイラン監督の『Climates／うつろいの季節』（06）だったと思います。DVDを持ってきて上映したのかな。『スター・ウォーズ エピソード3／シスの復讐』（05）もデジタル上映でした。

小笠原　カンヌで『スター・ウォーズ』をやったの？

齋藤　コンペ作品ではありませんでしたけどね。映画祭って「フィルムフェスティバル」というけど、実際のところ、今はもう映画はフィルムでつくられていません。だから私は冗談半分に「フィルム」という言葉は「映画祭（フィルムフェスティバル）」という名前にしか残らないと言っています。それはさておき、とにかくカンヌ映画祭は楽しいですよ。ヨーロッパじゅうから全てのプレスの人たちが来るし、私の友人関係はカンヌでできたようなものです。でも10年前から私の人生のフェーズが変わってきたから、そろそろ映画祭から引退する日も遠くないかもしれない。カンヌに通うのもお金がかかるし。

小笠原　最近は登山を趣味にしているそうですね。

齋藤　50歳を超えて人生のフェーズを変えたのです。そろそろ自分の人生も終わりに近いからやり残したことがないようにしよう、それから健康にいいことをやっておこうと思って、山歩きを始めたんです。

小笠原　山もお金はかかるんじゃない？ カンヌほどじゃないだろうけど。

齋藤　全然かかりませんよ。山は楽しいですよ。

［2017年9月23日　Bunkamuraロビーラウンジにて］

齋藤敦子（さいとう・あつこ）
映画評論家・字幕翻訳家
静岡県沼津市生まれ。奈良女子大学文学部卒。Conservatoire Libre du Cinéma Français 編集科修了。フランス映画社宣伝部勤務を経て、フリーの映画評論家、字幕翻訳家。翻訳書にピエール・ブロンベルジェ著「シネマメモワール」（白水社）、メアリー・パット・ケリー著「スコセッシはこうして映画をつくってきた」（文藝春秋）、トニー・リーブス著「世界の映画ロケ地大事典」（晶文社）、ジョン・バクスター著「パリ、快楽都市の誘惑」（清流出版）など。字幕翻訳にアスガー・ファルハディ『セールスマン』、メル・ギブソン『ハクソー・リッジ』、ダニエル・トンプソン『セザンヌと過ごした時間』、ジム・ジャームッシュ『ギミー・デンジャー』など。河北新報のウェブサイトに10年にわたって連載した「シネマに包まれて」を移行したブログ「新・シネマに包まれて」で映画祭レポートを執筆中。

interview_Takashi NIWA

丹羽高史

モスクワ国際映画祭を中心に

世界の映画祭を駆け巡る

取材＝小笠原正勝　文＝沼田梓　撮影＝野村志保

グディニアとワイダさん

小笠原　丹羽さんは世界の映画祭を数多く訪れておられる稀有な映画人で、他にあまりいないのではないかと思います。主にロシア、東欧を中心に、貴重な体験や様々な知識からお話いただければと思います。まずは、一番ホットなところから。一昨日、ポーランドから帰られたばかりですね。それは何処の映画祭ですか？

丹羽　ポーランドですね。国の全体の中から選ばれて、ポーランド映画しかやらないのです。全ポーランド映画グディニア大会。グダンスク、ソポト、グディニアとバルト海。ワルシャワから350km離れた、海側の大きな港町です。

小笠原　それは映画祭ですか？　見本市ではなくて？

丹羽　れっきとした国際映画祭です。作品はポーランド映画。グダンスクとグディニアというのは同じなのです。そこに行くには3時間、昔は6時間ぐらいかかった。今は新幹線で3時間半ぐらいになったけれど、行くのはちょっと大変だね。

小笠原　そこでは審査をしてグランプリを決める？

丹羽　その年のグランプリが重要なのです。アグニシカ・ホランド監督が、力がある感じで、今年も自然を破壊から守る映画で、かなり評判良かった。

小笠原　自国の作品でグランプリを決めたりする。買い付けなどもあるわけでしょう？

丹羽　国際映画祭という名前は付いているけれど、殆どポーランド映画ね。今年はアンジェイ・ワイダ特集やりました。去年は『残像』の上映で、ワイダさんが来て挨拶した時、とても盛り上がったのね。上映が終わってから小さなパーティがあったけど、もうワイダさんは来なかった。その時から3週間くらいで亡くなったからビックリしました。普段、外に出る時は車椅子を使っていたけど、あとは普通に歩いていましたよ。ワイダさんは向こうの黒澤明みたいなものだから。本当に敬愛されている感じでしたね。

小笠原　今年はワイダさんへのオマージュですね。

丹羽　そうですね。それとグディニアも最初の頃は町が寂れていてね。資本主義になってから町がとても綺麗になった。スターバックスもあるしね、なんでもある。回転寿司屋も一軒ある（笑）。ポーランドの映画を観るのだったらグディニアですね。

最初の映画祭、タシケント国際映画祭

小笠原　ところで、丹羽さんが最初に映画祭に行かれたのはいつ頃ですか？

丹羽　30年前だね。タシケント映画祭でした。日本海映画の紹介で招待された。その時からモ

スクワは毎年行っています。タシケントへは2日間くらいモスクワに泊まって、国内線で招待された。そこでモントリオール映画祭のディレクター（セルジュ・ロジーク）に会うのです。ロジークが我がままでね、試写を観たり、会場とホテルと、映画祭の車を僕が用意したりね。そうしたら「ナイスガイだ！（笑）」、「俺はこういうものだ」とモントリオール映画祭のディレクターの名刺をくれてね。「今年招待状を出すから来てくれよ」って言われて。それがきっかけですよ。

小笠原　映画祭は人との出会いという、まさにそんな感じですね。

丹羽　モントリオール映画祭へ行った時は28年前です。一年おきでタシケント、モスクワ、タシケントとやってきて、2年目の8月の終り頃に、タシケントから知り合ったロジークさんのモントリオールに行った。その時はちょっと大変だったの。ロスアンゼルスからバスで3泊連続だった。モントリオールに着いたら、歩くのもふわふわしているような感じで。楽しいというか贅沢でしたけどね。

小笠原　バスで3泊ですか！

丹羽　後ろには変なのがいて危ないからと言われたので、前の方の運転手の近くに座っていてね。景色はとても素晴らしい。ダベンポートを通ってシカゴに入って、それからトロントに。そこでパスポートを出してカナダに入ったんだけど、それは結構な旅行でした。

グディニア映画祭プログラマー、カルピンスキーさんと

小笠原　アメリカを縦に横断するのですね。映画祭も殆ど大旅行ですね。それを世界中巡って歩いているのだから、かなりの旅行ということになりますね。

ヤルタ映画祭

丹羽　ヤルタ映画祭というのもあって、ヤルタに行った時も、ハンガリーから入れと言われて、ブタペストからちょっとお尻みたいな所に行ったら国境があった。その頃、１９９０年くらいだから国がもう駄目になっていた。全部ウクライナのお金に換えたいのだと言ってもそんなの必要ないと言う。銀行が閉まっているから（笑）。ドルでやりました。ブタペストからウクライナのリボフへ、リボフにプロデューサーがいるのね。すごい大雪になって飛行機が時間内に着かない、ブタペスト駅で一晩泊まって国境の町まで行って、そこからタクシーに１００ドル（一万円）出してリボフに行ってくれと頼んだ。しばらくして運転手が、ここがリボフだからちょっと用を足してくると行ってしまった。近くにいた、おかみさんみたいな人に、ここリボフって訊いたら、冗談じゃない！いやもう辛かった（笑）。

小笠原　（笑）それはひどいな。それからまたタクシーで。

丹羽　今みたいに携帯電話もないし、プロデューサーの電話なんかも分からないし。着いたらビックリしていたけどね。「よく来たなぁ」なんて（笑）。「タクシーなんか、これからは絶対に乗らないでくれ、襲われる恐れがあるから」って言われました。だけど運ちゃんに感謝しています。

小笠原　世界の映画人たちがそこの映画祭に行くのにどういうふうに集まっていくのですか。みんな同じ思いをしている（笑）？

丹羽　向こうは慣れているから。それでプロデューサーの家に一泊して、リボフから今度はシンフェロポリという、ウクライナ領だけど、そこまで長距離列車で2泊。ヤルタに着いたのです。凄い雪の中で、ドクトル・ジバゴの雪原みたいな感じでね。

小笠原　一篇の物語ですね（笑）。ようやく辿りついて、それから映画を観るわけでしょ。エネルギーもいるし、映画祭は体力勝負ですね。

ゲルマンとの出会い

丹羽　タシケントに最初に行った時に英語の通訳に「丹羽さん、この映画は観た方が良い」って言われたのはアレクセイ・ゲルマンの『わが友イワン・ラプシン』。それを観た時、ラストシーンでやはりカメラも違うなと思い、日本海映画の山之内巖さんに、これを買いたいと言ったら、彼は、ゲルマンの、最初に禁止されていた『道中の点検』を「丹羽ちゃん、すごいのを買ったよ！」って。そしたら野原まち子さんに怒られたらしい「何やっているの。最新作を何で取らないのだ」って（笑）。

小笠原　あの作品は一年か二年の違いでしょう？

丹羽　そう。ゲルマンは、『道中の点検』は知られていたけど『わが友イワン・ラプシン』で一躍有名になるんです。ゲルマンは１９９０年のカンヌ映画祭の審査員をやっている。その時にフランス映画社の柴田駿さんも審査員だった。

小笠原　柴田さんと同じ時でしたか。

丹羽　あの年、僕は初めてカンヌに行ったのです。ゲルマンに「あなたの映画、買いましたから」と言って、これをと言ったら、審査員なので贈り物を貰うわけにいかないけど「名前を覚えておくから」というような会話をしたのを覚えている。日本に招待された時にゲルマンに会いました。

小笠原　そうですか。ぼくも会っています。『道中の点検』と『わが友イワン・ラプシン』のデザインをした時でした。何年か前に『神々のたそがれ』が公開された時、ゲルマンが評判になって、みんな驚いていたけれど、以前から、独特の世界観と切れ味のある監督でした。80年代の始めくらいですね。ちょうど日本海貿易の映画部門が、ソヴェクスポルトフィルムとして、輸入や買い付けをして一番活気がある時だった。山ノ内さんと服部さんの時代ですね。

カンヌ、ジュアンラパン

小笠原　カンヌ映画祭へは、その年が最初に行かれたのですか？

丹羽　その後です。僕は86年に最初にタシケントに行っているから。それで4年間、89年にモスクワに行った。その翌年にカンヌに行った。カンヌも、宿屋がなくて最初はニース泊まりだったね。ニースから定期券みたいな回数券を買って通っていました。

小笠原　僕がカンヌへ行った時ももう宿が取れなくて、ジュアンラパンだった。カンヌからちょっと離れたところで、ニースにも行きやすかった。

丹羽　そうそう、僕も2回目はジュアンラパンだった。ジュアンラパンはすごく便利なのですよ。とても安くて近くてね。ジュアンラパンは、やっぱりカンヌだからね。

30か国、２００回以上の映画祭を巡る

小笠原　丹羽さんは数でいうと、どのくらい行かれています？同じところに繰り返し行かれたとしても。実際、何カ国ぐらいの映画祭になるのですか？

丹羽　うーん、30カ国ぐらいじゃないかな。２００回ぐらいだね。

小笠原　凄いですね。

丹羽　1年に10回としても。カンヌに行った回数が今年で28回目かな。モントリオールは、今年は潰れちゃったからね。

小笠原　そうでしたか。今年は開催されてない？

丹羽　開催はしたけど小規模でやったのだね。ピリオドにはしてないはず。お客さんとか海外の招待は一切なしでね。だからモントリオールが28回と、あとベルリンですよね。ベルリンも去年で23回ぐらい行っている。その他も入れるとやっぱり２００回は行っていると思う。遠い所だとシティンギ、南アフリカね。

小笠原　シティンギ？アフリカですか。

丹羽　シティンギ映画祭というのがあった。ヨハ

ネスブルグ経由のケープタウンです。これはちょっと大変なのよ。香港を経由してアフリカに行くのだけど。それと、ブエノスアイレスとか南米の方もちょっと遠いですね。

小笠原　キューバも一番行きにくいところでしょう。時間もお金も掛かるし。

丹羽　宿屋というのはタダなのだけど飛行機運賃が掛かる。毎年、平均でいえば8回ぐらい、多い時は12回というのもあったけど。30年でいえば200回は超えていると思います。

ロシアの映画祭とのつきあい

丹羽　色々行ったけど、やっぱりロシアの関係というのが深いですね。それというのも『デルスウザーラ』が作られたからで。日本海映画を知っていて、手伝いとかをしたのです。一番はタシケントかな。昔はロシアの映画祭は、ホテルの大きなダイニングルームで、食事はそれぞれ国別のデスクなのね。アメリカとか国別に集まるから、人と知り合う時は、イギリスとかフランスのところへ行くのは便利だった。

小笠原　映画祭のブースですね。それの大きいものですね。

丹羽　そうですね。あと、89年のモスクワ映画祭の最初の時に、その前のタシケントで知り合ったブルガリアフィルムから、モスクワに来たら招待しますからと言うのでモスクワからソフィアへ行った。ソフィアのブルガリア映画祭というか、ソフィア映画祭ですね。遊びに来なさいよという招待状ですよ。それからポーランドも、ワルシャワ映画祭というのがあるのです。いずれにしても、ロシアの関係の国が、政府みたいな、組織のようなものが出てくるので面白いですね。

小笠原　ロシア以前のソヴィエト共和国の頃は、ウクライナとかグルジアなどの国からの映画も多かった。グルジアなどは行かれていますよね。

丹羽　グルジアは『放浪の画家ピロスマニ』を最近入れてから行ったのです。トビリシ映画祭へ。グルジアは、ソヴィエト圏の国では一番やりやすい。ビザがいらないし、とても自由なんです。

小笠原　最初に日本で公開された『ピロスマニ』は日本海映画が配給しました。初公開はロシア語版でしたね。今度グルジア語版で公開された。

丹羽　『ピロスマニ』もそうだけど、今のグルジアに行ったら、権利は分からないと言われた。ロシアの知り合いに、こんな映画がほしいのかなんて言われてね。今も相変わらず当時のソヴィエト圏の国の映画の権利というのはロシアが握っているようだ。管理はロシアの方が良いみたいですね。

名画との出会い
『フリーダム・イズ・パラダイス』

丹羽　モントリオールで、2回目に行った89年にセルゲイ・ボドロフの『フリーダム・イズ・パラダイス』（邦題『自由はパラダイス』）という、少年の物語の映画で、自由こそわが楽しみというか少年が入れ墨なんかしている。父恋しさに、自分の父親に会いにシベリアの田舎町の収容所まで行くのね。そのロードムービーがグランプリだったのです。その時にフランス映画社の川喜多和子さんもいましたね。それから、ニューヨークで東宝の事務所に行ってグランプリの話になって、お茶の利休の……。

小笠原　勅使河原宏監督の『利休』ですか。

丹羽　そう『利休』が二席なのだ。一席は何だろうと思ったら『フリーダム・イズ・パラダイス』なの。東宝の人間が「全然知らない小さな日本の会社が買ったみたいですよ」って言われて。「それ、僕の会社です（笑）」と言ったら「いやいや、この度はおめでとうございます」（笑）。

名画との出会い
『アンドレイ・ルブリョフ』

小笠原　丹羽さんは、ロシア映画が中心だし、アンドレイ・タルコフスキーはどうだったのですか?

丹羽　タルコフスキーはすでに有名だったし『鏡』や『ストーカー』は素晴らしい映画だけど、ぼくはやはり実在の画家の映画ですね。

小笠原　『アンドレイ・ルブリョフ』ですね。東宝東和が配給してＡＴＧで上映していますね。

丹羽　あれは感動しましたね。作品の姿というかスケールが大きい。話も分かりやすい。スイスに亡命してからの映画というのはちょっと分かりにくい（笑）。

小笠原　『ノスタルジア』や『サクリファイス』は、フランス映画社配給で良かったのかも知れないですね。

丹羽　『僕の村は戦場だった』も観たのは学生の頃で、タルコフスキーはもう知れ渡っていたしね。ただゲルマンは全く知られていなかった。

小笠原　そういうふうに見つける、発見することが映画祭の最大の関心ごとの一つになりますね。

丹羽　ゲルマンも『わが友イワン・ラプシン』と、その前の『戦争のない20日間』ね、あと『フルスタリョフ、車を！』などは分かりにくい。それでやはり、ボドロフの『フリーダム・イズ・パラダイス』が一番良くてね。作家というのは、好きな作家もいるけれど、裏切られることも多いですね。

名画との出会い『わが友イワン・ラプシン』

丹羽　親切なモスクワの女子学生が僕の通訳に付いたんだけど、それがなかったら知らなかったかも知れない。ビデオルームに連れて行ってくれて観たのだけど、観たら驚きだったね。カメラも凄いし。話も日本と同じでね。昭和の人々の、8年から10年、日本の暗い頃、向こうも暗くてね。暗い戦時色だけどそんな中でも結構楽しむ刑事の集団なんかがいて、それでも仕事になると殺人鬼を捕まえるシーンなんかもすごい。友情の話としても良く描かれている。ソヴィエトの当時の、みんな苦労しているだろうけど、精一杯生きている様子が滲み出ている。

小笠原　とても良かったですよ。『わが友イワン・ラプシン』は。

丹羽　けれども、日本海映画へ行ったら、「何この映画？」って（笑）。

北朝鮮・平壌、中国・オリバー・ストーン

小笠原　アメリカの大使館が、何処か中東の国で監禁されて、アメリカのＣＩＡが捕虜になった人たちを逃走させるという映画がありましたね。ＣＩＡがフィクションで、映画の撮影隊を仕組んで、その中に紛れ込ませて脱出させるという話ね。タイトル忘れましたが、観たことありません？

（映画タイトルは『アルゴ』）

丹羽　観た。最後が面白い。これは実際にあった事件でしょう。

小笠原　映画の裏側で、政府との繋がりを持つというのも映画祭のひとつの存在証明みたいになる。

丹羽　政府とぴったりくっつくのは北朝鮮の映画祭ですよ。平壌（ピョンヤン）映画祭なんかも招待されて、向こうのフランスとの合弁で建てたすごいホテルに案内されて、そこに通訳が来る。ホテルのビジネスセンターに行って「事務所に今着いた」とファックスを送るのだけど、ファックスを入れたなというところまで通訳が見張っている。それで「丹羽さん、何処に行くのだ？」って言うから「トイレだよ」と言う。トイレの入り口まで来て外に立っている（笑）。

小笠原　平壌には行かれたのですか？

丹羽　2年連続で2回行っています。平壌映画祭もだけど、街の外れにお寺があるというのでそこにも行ってみたい。50ドルぐらいのチップを通

訳に渡すと「じゃあここでお別れです。明日の朝、迎えに行きます」と。ロビーで待っていたときなど、通訳が全員自分を見ているという感じなのね。通訳は僕と話した後、通訳同士で協議をするのです。車を一台出すというのがどうも大変らしい。

小笠原　平壌の映画祭は、情報はあまりないし探してもいないけど、そこではどういう作品をやっているのですか?

丹羽　香港とかアジアだね。ヨーロッパ映画はスイスなどが多かった。スイスは仲が良いのだね。みんなスイスで勉強していると言っている。でもやっぱり向こうは映画に飢えているのだと思う。

小笠原　作品や文化的なことで言えば、検閲や統制や監視をするけれど、一方では留学するとか、人を招待してバカ丁寧に扱うとか、そういう二面を感じますね。

丹羽　平壌のスタジオなども、日本政府が戦前に作った立派な撮影所がある。立派なのだけど映画を観たら全然面白くないのね。映画の優秀なスタッフがいないのだと思う。

小笠原　そうですね。今は交流もないでしょう?

丹羽　今はもう映画祭など全然やってないですよ。今のジョンウン(金正恩)は映画祭には関心がないからね。ミサイル1本打つことだから(笑)。お父さんは映画好きだったでしょう。寅さんの山田洋次さんなども招待状が毎年来ると言っていたけど。

小笠原　中国には行かれているのですか?

丹羽　中国は上海映画祭に毎年行っていました。上海映画祭はディレクターが誰だかよく分からない。ヨーロッパ人なども来るのだけど、そんな真剣に観てないね。僕は1回目に行った。その時オリバー・ストーンが審査員長だったのです。オリバー・ストーンと最後のパーティの時に机が一緒になって通訳がいて、オリバー・ストーンの『プラトーン』を褒めたんだよね。あの映画のラストシーンの音楽の使い方がすごく良いって。そのアメリカの作曲家の名前を出したら「あんた、ビジネスカードはあるか?」って言う。「今度、東京で会おう」なんて言って、それで、声をかけてくれました。

小笠原　上海は大きな映画スタジオがありますね。日本でも公開した『ロワン・リンユイ』という映画で、スタジオをよく描いていました。

丹羽　そこ見学に行きましたよ。一応、映画祭には見学させるというツアーもあるのです。

小笠原　丹羽さんの話をたくさん伺っていると、まさに映画祭ロードムービーですね(笑)。語れば語るほど〝物語〟になってくるようです。

丹羽　そうロードムービーね。何しろ楽な方法では行かないから。目的地まで路線バスだったり電車だったり。それは面白いのだけどね。そういうところで色々な人に話しかけて片言で喋って、それが楽しい。色々な国の貌が見えてね。

[2017年9月28日　パイオニア映画シネマディスクにて]

丹羽高史(にわ・たかし)
パイオニア映画シネマデスク代表

1943年生まれ。66年明治大学文学部卒業(ドイツ文学)。68年ヘラルド映画入社、宣伝渉外活動に専念する。81年にヘラルド映画退社後、パイオニア映画シネマデスクを設立。各配給会社の渉外活動のほか高校生のための映画鑑賞教室を開催。地方児童館における映画上映会を厚生省の委託により毎年250カ所で行う。毎年世界の様々な映画祭の招待を受け年間10回前後の映画祭に参加。同時に映画配給も行い『わが友イワン・ラプシン』ではアレクセイ・ゲルマン監督の存在を初めて日本に紹介する。近年ではドキュメンタリー映画『チェ・ゲバラ 人々のために』や、『木洩れ日の家で』『エルヴィス、我が心の歌』などを配給。東欧諸国とのパイプが強くブルガリア、ポーランドでは映画製作も行っている。

カルロヴィ・ヴァリ国際映画祭 会場前にて

interview_Hajime TAI

田井肇

湯布院映画祭 誕生ものがたり

「祭りの準備」は整った！

取材＝小笠原正勝　文＝小林幸江　撮影＝山岸丈二

田舎の反逆

小笠原　湯布院映画祭の発端から関わっておられた田井さんに、誕生秘話のようなことをたっぷりお聞きしたいと思っています。そもそも何故湯布院なのですか？

田井　湯布院というのは大分県にある温泉地です。現在は全国に名が知られていますが、かつては、別府と比べると本当に山奥にあるひなびた温泉地でした。僕も湯布院映画祭に関わるまで、湯布院には行ったことすらありませんでした。この表現が正しいかどうかは分かりませんけれど、奥別府と言っていいような位置づけだったのです。

小笠原　田井さんはどのような経緯で湯布院映画祭の立ち上げに関わることになったのですか。

田井　私は、生まれは岐阜ですけれど育ったのは大分で、一度も大分を離れたことがない人間です。そして10代半ばからずっと映画ファンでした。いろいろな映画を観ましたが、地方ですからマイナーな映画は観られません。では映画好きの地方人たちはどうするかというと、自主上映を行なって映画欲を満たしていました。現在も湯布院映画祭で顧問を務めている伊藤雄さんたちと一緒に、僕も大分市内で自主上映にずっと関わっていました。僕が19歳の時、初めて中谷健太郎さんと会ったのです。

小笠原　中谷健太郎さんはどんな方なのですか？

田井　中谷さんは湯布院にある、亀の井別荘という由緒ある旅館のご主人です。この方が大変な映画好きで、大学卒業後に東宝撮影所に入り助監督をしていました。東宝での同期は出目昌伸や大森健次郎といった面々ですね。映画監督を目指していたものの、お父さんが亡くなり、長男である中谷さんは旅館を継ぐために湯布院に帰らざるを得なくなった。１９６０年代の半ばから、中谷健太郎さんは旅館の主人として、田舎の旅館をどのように経営していくかということに奮闘なさっていました。当時の日本の背景として、高度経済成長やオイルショックを通り過ぎ、70年代中盤になると高度経済成長が終わり、公害問題が噴き出してくる。東京を中心とした中央集権的な企業論理が破たんを迎えつつあり、これからは地方から何かが生まれるのではという空気が、なんとなく日本全体にあったのではなかろうかと思います。映画においても70年代に岩波ホールでエキプ・ド・シネマが始まりました。

小笠原　フランス映画社のＢＯＷシリーズもありましたね。

田井　はい。映画においても、商売一辺倒ではない、しかもアントニオーニ、ヴィスコンティ、フェリーニといったヨーロッパ系ではない、例えばインドのサタジット・レイとかがいるんだ、という波がだんだんと押し寄せてくるわけです。日本映画ではＡＴＧがあり、崩壊しつつある撮影所中心のプログラムピクチャー体制の中から深作欣二らが頭角を現してくる。71年の暮れには日活ロマンポルノがスタートし、スクリーンを埋めるためだけの映画にも関わらず、そこから作家性を発揮する人たちが登場する。その時代の映画ファンには「陽の当たらないところを見ていこう」という気運がありました。

小笠原　中谷さんとの出会いが湯布院映画祭に結びついていくのですね。

田井　初めて会った時には中谷さんが何をお考えになったか分かりませんけれども、中谷さんの中には、ひなびた田舎の温泉地・湯布院町をどうするかということ、また一方で、映画への想いがあったと思います。東宝時代の同期に出目昌伸らがいることだし、温泉に泊まらせて美味しいものを食べさせれば彼らは来てくれるのではないか、彼らをゲストとして映画祭ができるのではないかという考えがうっすらとあったわけですね。ただ、湯布院は映画館もないような町でしたので、中谷さんは新進監督のマイナーな映画には詳しくない。そこで僕らのような若い連中に加わってもらおうと考えたのではないでしょうか。それで伊藤雄さんと僕に声がかかって、ふたりで湯布院の山奥に出かけて行きました。当時、東京で文芸坐のオールナイトがありましたよね。日活アクション5本立てとか。僕らはそのようなものをイメージしていて、つまり僕らが普段は観られない少しマイナーな映画を4、5本まとめて上映する想定でした。だから名作路線ではないですね。小林正樹や黒澤明ではなく、もっとマイナーな、ベストテンなどには入らない作品に気が向いていました。自主上映では意外と名作をかけるのですよ。『野良猫ロック 暴走集団'71』を上映してもお客は集まりませんから、やっぱり『天国と地獄』ということになってしまう。ですから僕と伊藤さんの中では、自主上映ではやれない作品を、映画祭として数本まとめれば上映できるかもしれないという考えがありました。映画祭と呼んではいますが、そこに映画祭という哲学があったわけではないのです。

『祭りの準備』湯布院にて（左背中：黒木和雄、正面：原田芳雄、右から三人目：中島丈博、左から三人目：伊藤雄、右端：田井肇）

小笠原　自分たちのエモーションを形にしていったということですね。

田井　名作じゃないけれどもキラリと光る作品をかけたかった。深作欣二『誇り高き挑戦』でも中島貞夫『893愚連隊』でもいいのですけれど、プログラムピクチャーの中でキラッと光るものをやりたいと。湯布院という田舎町で王道の映画をやるよりも、そういう映画のほうが実はしっくりくるじゃないですか。まだカウンターカルチャーという言葉はありませんでしたけれど、田舎が反逆すると言うか。

小笠原　田舎の反逆というのは痛快で面白いですね。

「祭りの準備」は整った

田井　湯布院映画祭は76年8月に始まったのですが、誕生という意味で大きかったのは、同年4月に大分市内の東宝の劇場で上映された『祭りの準備』です。監督は黒木和雄で、原田芳雄が出演していました。原田芳雄ってかっこいいよねという話から、ゲストに原田芳雄を呼んでみたらどうかと、中谷さんが言い出したのです。ツテをたどれば呼べないことはないかもしれない、と声をかけてみたら、芋づる式に黒木和雄、中島丈博、原田芳雄がみんな来ることになったのです。『祭りの準備』の公開に合わせてゲストの方々に来てもらって、みんなで湯布院へ出向いて一晩飲み明かすようなことをやったのです。

小笠原　それは映画祭ではないのですね？

田井　映画祭が始まる前のことです。上映後に劇場の近くの喫茶店で監督たちと話しました。僕なんかまだ若かったので青臭い質問をいっぱいしたと思います。その晩も湯布院でいろいろ喋って。この出来事は僕らにとって大きな衝撃でした。夏の映画祭に向けて、その年の2月か3月から準備を進めていたわけですけれども、本当にやれるかどうか、また誰か映画人が来てくれるのか、僕らも半信半疑だったのですよ。ところが『祭りの準備』でそれが実現してしまった。今で言うプレ映画祭になったのですね。

小笠原　それが湯布院映画祭の始まり？

田井　始まりです。まさに『祭りの準備』、タイトルの通りだったのです。そもそも『祭りの準備』が田舎から出帆していく話ですしね。

小笠原　四万十川ですよね。

田井　そうそう、高知の中村市から、最後は「バンザーイ」と言って。もうぴったりですよ。僕は湯布院映画祭に13年関わりましたが『祭りの準備』がいちばんのピークでした。この時の衝撃と言ったらもう、頭をカチ割られたようでした。

小笠原　湯布院映画祭は今年で42回。ここまで長く続くと予想していましたか？

田井　全く考えていませんでした。最初の湯布院映画祭のポスターには「第1回」とは書いてありません。2回目があるなんて、しかも年1回のペースになるとは全然思っていなかったのです。とにかく「またやりたい」という気持ちだけでした。続いていくのだなあと確信が持てたのは、3回目が終わったくらいでしょうか。

小笠原　山形国際ドキュメンタリー映画祭やゆうばり国際ファンタスティック映画祭など、地方の映画祭はいろいろあるけれど、湯布院映画祭はその奔《はし》りですね。

田井　完全な奔りです。ただ「映画祭」として長く続いたり、結果として地方映画祭の先駆け的な存在になったり、あるいは町おこし的なものになるという考えはあまり持っていなかったと思います。だって、そんな考えがあれば黒澤明を上映しますよ。上映したのは『白い指の戯れ』とか『㊙色情めす市場』とかですから（笑）。「公民館でポルノなんか冗談じゃない」と言われましたね。「映画はともかく、題名だけは勘弁してほしい」とも。『㊙色情めす市場』にこだわったのは僕でしたが、その時の僕なんていわば〝無忖度〟ですよ。素晴らしい映画なのに題名が悪いとはなんだ、と。世間の常識的な物差しを持ち合わせていなかったのです。そんなデタラメな、映画しかない僕らに好き勝手させるために、中谷さんは相当あれこれご苦労なさったと思います。しかも相当な額の自腹を切ったのではなかったかと。

小笠原　中谷さんが湯布院映画祭に関わったのはどのくらいですか？

田井　直接的には4、5年くらいだと思います。割と早くに実行委員会的な主体に移りましたから。中谷さんの素晴らしいところは、完全にサポートする側に回っているのですね。自分の意向よりも、このメチャクチャだけど目を輝かせている若い奴らに好き勝手やらせてあげるにはどうすればよいかということしか、おそらく彼は考えていなかった。今、自分がこの年齢になって同じことをできるだろうかと考えたら、なかなかのものです。

小笠原　第1回目の思い出やエピソードを聞きたいですね。

田井　第1回目のゲストも斎藤耕一、神代辰巳、森崎東、沢田幸弘ですから、ものすごく豪華なメンバーでした。中谷さんがツテをたどって、当時キネマ旬報の編集長だった白井佳夫さんに会いに行き、白井さんが全面的に映画祭を応援してくれることになったんです。その頃、フランスにいらっしゃった映画評論家の西村雄一郎さんがフランスで日本映画祭を開催し、ゲストに黒木さんや神代辰巳さんらを呼んでいました。白井さんの応援があったために、そのまま、流れでそのメンバーを湯布院映画祭に連れてくることができたのです。上映があり、シンポジウムがあり、パーティがあるという基本の三本柱は、第1回目にはもう固まっていました。

小笠原　シンポジウムもあるのですね。

田井　もちろん。ただ映画を観るだけではなく、シンポジウムをやらなければいけないというのが中谷さんの方針でした。それをシンポジウムと呼んだりすることに関しては、おそらく白井さんのご意見があったと思います。そのあとに打ち解けてお酒を酌み交わします。『祭りの準備』で完全に味を占めていますから（笑）、朝方まであぁでもないこうでもないとやるのです。

小笠原　湯布院の温泉街で？

田井　中谷さんの旅館の広間で。僕らにとっては神様と同じくらいの神代辰巳も森崎東も沢田幸弘も斎藤耕一も、ヒットメーカーというわけではないでしょう。彼らは、映画評論家の一部から褒められることはあっても、一般観客から喝采を浴びること、もっと言えば観客と触れる機会そのものがほとんどなかったと思います。その作品を田舎で誰かがちゃんと観ていた、ということは彼らにとっても大きなカルチャーショックだったはずです。しかも劇場がひしめく大都会ではなく、田舎の映画館もない町でという衝撃は、すごく大きかったと思いますね。

映画館一つない町　しかし、そこに映画は在る

田井　「映画館一つない町　しかし、そこに映画は在る」という、湯布院映画祭の有名なコピーがあります。このコピーを作ったのは我々ではありません。読売新聞の河原畑寧さんです。河原畑さんが第1回目の映画祭にいらっしゃって、後日くださった手紙に「湯布院映画祭に行った時に、そうか、映画館一つない町にも、映画というものがあり得るのだな、ということを思いました」というようなことを書いてあった。これは映画祭を言い当てていると思って、第2回目のポスターにはこのコピーが載っています。河原畑さんには了承を得ていないと思うのですけれど（笑）。この言葉は、1970年代中盤の、行き詰まってきた世の中を逆転する発想にとても近いですよね。時代にすごくフィットしていたと思う。フィットした結果、湯布院映画祭が、湯布院という町をいまや年間何百万人が訪れる温泉地に変貌させることに一役買ったのは事実です。

小笠原　結果として。

田井　はい。狙ったわけではないのです。時代の節目にシンクロしていたのでしょう。学生運動が挫折し、田舎の公害闘争が起こっていく……76年というのはドキュメンタリー映画監督の小川紳介が山形に移る年です。

小笠原　それが山形国際ドキュメンタリー映画祭に通じている。

田井　三里塚闘争を撮った人が、70年代後半に農民を撮りに山形に移った。76年に映画に関わるいろんなことが舵を切り始めました。フランス映画社のBOWシリーズも始まったし、全てが重なっているんです。湯布院映画祭は、偶然にもその流れにぴったり合ったのです。

小笠原　国内の映画祭の中で、湯布院は一つの指針になりましたね。

田井　ひとつは、湯布院が観光地として成功したので、80年代半ばから日本各地で町づくり映画祭が勃興していきます。もうひとつは、映画ファンが集まってやることでも監督や俳優が来てくれる、ということがわかった。

小笠原　前例になったのですね。

田井　僕らにとって『祭りの準備』がなければ確信を持てなかったのと同じで、湯布院映画祭がなければ誰もそんな確信は持てなかった。最初にやる馬鹿がいなければ、なかなか自分がということにはなりませんからね。湯布院映画祭がきっかけとなっていくつかの映画祭が出てきます。山形国際ドキュメンタリー映画祭を提唱した小川紳介さんには、町おこしなどということは全く念頭になく、もっと国際的なイメージだったと思いますが。ただ、世界に張り合える国際映画祭を、日本の田舎でできるのではないかとお考えになった。

小笠原　田井さんが湯布院映画祭に関わっていたのは、シネマ5を立ち上げるまでですか？

田井　そうです。13年間。

小笠原　13年間で、際立って印象に残ったことは何かありますか？

田井　映画祭にとってエポックになっているのは第6回です。その時に『遠雷』を初上映して、監督の根岸吉太郎と脚本の荒井晴彦が来てくれた

のです。彼らは、田舎の映画ファンがどんなことを言うんだという戦闘モードでやって来ました。でもやっぱりね、戦った者こそ心が通じ合いますよ。ぶつかり合う中で仲良くなっていくものです。しかも同じ年にバリバリの論客、脚本家の田村孟が来ていたのですよ。シンポジウム前半、『遠雷』はあまり評価が良くなかった。青春のエネルギーが爆発するような映画ではないということと、何かをしでかしてしまう奴が主人公なのではなく、しでかしてしまう友人を持った普通の人が嫁さんをもらってトマトを作っていく話ですから。そこが『遠雷』の素晴らしいところで新しいところだったのですが、それが意外と伝わらなかった。僕は『遠雷』は素晴らしいと思ったので、シンポジウムの途中で手を挙げて「すごくいいと思う」と言って、少し流れが変わるわけですけれど。その時に発言したのかな、田村さんが「僕はこれを応援する側に立つ！」と『遠雷』を断固推したのです。そういう観客同士のやりとりが根岸さん、荒井さんの目の前で繰り広げられたわけです。

小笠原　田村孟はまだ、大島渚組に参加する前だったかしら。

田井　参加した後です。田村さんは、すでに『青春の殺人者』で何度目かの脚本賞をもらっていました。田村さんにしてみれば「次の新しい世代が出てきた」という想いと、それに出会ったのがこんな田舎だという……田村さんの頭の中は解剖できないけれど、田村さんって論理的な部分とロマンチックな部分が融合されているじゃないですか。それで田村さん、なんていうのかな……あの時ね、興奮して野外パーティー会場のそばの池に飛び込んだのですよ。

小笠原　え、本当？　なぜですか？

田井　酔っ払ったあとですけどね。田村さんにとっても、強烈なカルチャーショックだったのです。しかも『遠雷』は、これまた、宇都宮を飛び出していく話じゃなくて、田舎にくすぶっていることを選ぶ話です。それを田舎で観る。しかし作っているのは東京人・根岸吉太郎である。日本で初めて上映されたのは田舎である、というのがいろいろ見事に重なった。

小笠原　そのエピソードのほうが『遠雷』というタイトルに近いですね。

田井　あの田村孟にカルチャーショックを与えるなんてすごいことですよ。池に飛び込んだのはね、ある種のシャーマニズム的な何かが降りてきたという状況が、田村さんの中にあったと思う。それが起きたのは第6回目でした。

小笠原　素晴らしいね、映画祭として。

田井　素晴らしいことは意図せず起きますね。狙ってはできないですよ。

［2017年9月10日　横浜元町・梅林にて］

第6回湯布院映画祭パーティ（左から、田村孟、田中登、右端：荒井晴彦）

田井肇（たい・はじめ）

シネマ5支配人

1956年、岐阜県生まれ。1976年に、現存する映画祭の中では最古と言われる湯布院映画祭の立ち上げに実行委員として関わる。1989年、閉館が決まっていた大分市のシネマ5を引継ぎ、当時は地方で上映されることが少なかったアート系映画の専門館として経営をスタート。ミニシアター文化を街に根付かせた第一人者である。2011年には、閉館した同市内のセントラル劇場のうち1館を引継ぎ、シネマ5bisと名付けてオープン。2006年より大分県興行組合理事長を務める。また、全国のミニシアターの結束を目的とした団体、コミュニティシネマセンター代表理事を2013年より務める。

ロッテルダム映画祭と釜山映画祭
～企画マーケットの意義と価値～

小野光輔

小野光輔さんはプロデューサーとしての立場から、製作、作品選び、ビジネスの場として、映画祭をどのように捉え、どのように活用されているのか。映画祭との出会いや関わられた契機などを論じてもらいました。

初めて行った映画祭は、第1回東京国際映画祭で、その時に観たのが『パリ、テサキス』です。映画ファンでしたから、東京で国際映画祭をやるというので観に行きました。その後、東宝で働いていたときは国内のPFF（ぴあフィルムフェスティバル）などに仕事で行くことはありましたが、海外の映画祭までは行ってなかったです。私は英語を喋ることと、国際的な感覚を持って成長してきた人間なので、いつか映画祭に関われたらいいと思っていました。ユニジャパンがJ-Pitchというプロジェクトを立ち上げたのです。海外進出に興味があり、海外に作品を売ったり、海外と合作をしたいプロデューサーを育てるワークショップのようなものです。応募制だったと思いますが、ユニジャパンの方に「小野さんも海外に強いし、やってみたら?」と勧められJ-Pitchに参加したのが始まりです。

＊＊＊

映画祭が一般的にメディアに露出するのは、作品が上映されるとき、例えばカンヌでワールドプレミア上映されて、監督や俳優がレッドカーペットを歩く。それが一番メディアには出やすい。三大映画祭というのは、作品を世界に向けて売るアピールの場です。そこでインタビューを受けて、Variety誌などの映画系のメディアや新聞社から取材され記事がメディアに出る。そうやって世界に映画を売っていく。上映が映画祭の一つの柱です。その他にマーケットというのがあります。これは、映画祭のマーケット会場内に世界中の配給会社や映画関連企業が自社ブースを出して作品などの売買をする場です。日本の会社、大手の東宝も松竹もブースを出します。特にカンヌはヨーロッパのマーケットで一番大きく、作品も揃う時期なので、カンヌに出品される作品以外もそこで売買されます。ワイルド・バンチ（Wild Bunch）とかセルロイド・ドリームス（Celluloid Dreams）といった大手のセールス・エージェントなどは会場内にはブースを出さないで、近隣のホテルやアパートメントの部屋を借り切ってそこで売買の話をする。そういう大きな意味でのマーケットがあり、カンヌとかベルリンはそのマーケットの歴史が長い。三大映画祭やその他の世界の映画祭では、この「上映」と「マーケット」の二つが大きな柱です。

＊＊＊

ロッテルダム映画祭も釜山国際映画祭もロッテルダム市や釜山市がお金を出している市民ありきの映画祭です。ロッテルダムは、ロカルノ、サンセバスチャンと並んで三大映画祭に次ぐ映画祭と言われています。ロッテルダムの一つの特徴はコンペティション部門が各監督の長編一作目・二作目に限られています。また若手を発掘する映画祭といわれています。マーケットに関していえば、公のブースなどは全然ないです。ヨーロッパの映画業界の人たちとかを呼んで行う「企画マーケット」というのがあります。実はこの企画マーケットを１９８３年に世界の映画祭で最初に始めたのがロッテルダムなのです。

＊　＊　＊

企画マーケットとは、映画祭が、まだ公に発表されていない企画を世界中から募集して、その中から、映画祭にもよりますが約25本の企画を選びます。そのあと、25作品が掲載されたカタログが作られます。その中にはシノプシス、今いくらお金が集まっていてあといくら欲しいかとか、監督のプロフィール、プロデューサーのプロフィール、いつ制作予定であるか等のインフォメーションが見開き2ページの英文で書かれています。カタログは、企画マーケットの参加者はネットでも検索できます。それをもとに映画祭が始まる前に、インダストリー側が企画発案側にミーティングの申し込みを行います。そして映画祭期間中に、〈ピッチング〉というのですが、企画を出した監督、プロデューサーが、業界の人たちと対面してプレゼンを行うのです。私も企画を出す側ではなく企画を聞く側として毎年ロッテルダムに呼んで頂いていますが、必ずピッチングは数社と行わないといけないのです。これをしないと翌年呼んでくれない。年によって、ヨーロッパ映画もアジアとの合作を求めていたり、反対に求めなかったり、アメリカとか南米の映画会社がアジアとやりたいとか様々ですけど、そういうことを企画マーケットでミーティングします。または自分がいずれ一緒にやりたいと思う監督ともミーティングしたりします。私の企画も一回、ロッテルダムの企画マーケットで選んでいただいたこともあります。

＊　＊　＊

ロッテルダムに関して言うと、ワイルド・バンチからセルロイド・ドリームス、そういう殆どのメジャー系のセールス・エージェントやフランスやドイツのテレビ局、または映画に出資をする様々なヨーロッパの会社、他の映画祭の担当者や、関係者が皆ミーティングに参加します。その中に私も紛れ込んでいるのですけど。いまは他の映画祭にも企画マーケットはありますが、シネマートという名前でこの企画マーケットのシステムを始めたのがロッテルダムです。企画マーケットで選ばれた作品というのは完成後にほぼロッテルダム映画祭に出品される。つまり、ロッテルダム以上の映画祭が約束されるわけです。ですから逆に企画マーケットに出ている映画に関しては、ロッテルダムに来る出資等の検討者の人たちにとっても、ロッテルダム以上は約束されている。この企画に出資をしようとか、例えばスペイン語の映画ならスペインの配給権は企画段階であれば安く買えるから先に買おうとか、まだ出来る前に話が進んでいく。そうやってお金を集めやすいシステムになっているのです。

＊　＊　＊

それ以外にもロッテルダム映画祭には、ロッテルダム・ラブといって、ラブはラボトリーのラブですが、世界各国のプロデューサーたちが勉強するワークショップがあります。ロッテルダム・ラブは若手のプロデューサーが、プロデュース・合作とはどういうものか、どうやって映画を作っていくかをヨーロッパの様々なプロフェッショナルなどから教えてもらう場、つまり育成部門です。私は企画マーケットではなくこのラブに２００９年に参加しました。カンヌにもディレクターズ・ネットワークみたいなのがありますが、ロッテルダムは30カ国以上から50人以上のプロデューサーが選ばれて参加するのです。そういう意味でいうとロッテルダムは企画マーケットがあり、且つ、ラブというプロデューサーを育成するシステムがあるので、若いヨーロッパのプロデューサーたちは皆、最初にロッテルダム映画祭に行きます。

＊　＊　＊

私の友人でもある映画監督で、スウェーデンのリューベン・オストルンドという監督がいるのですが、今年、カンヌでパルムドールを獲りました。彼の企画もロッテルダムに出ています。

5年くらい前、「ツーリスト」という企画を彼がロッテルダムでプレゼンしていたのでミーティングしました。これが後の『フレンチアルプスで起きたこと』という映画でした。この作品は完成時にはカンヌのある視点部門に出て、世界の中でもものすごく評価が高い作品となりました。5年前『フレンチアルプスで起きたこと』をロッテルダムの企画マーケットに出し、その次の作品はもうカンヌのトップの賞を取ってしまうので、若手監督の登竜門として、やはりロッテルダムというのは価値がある映画祭なのです。一方で、ロッテルダムは俳優を呼んだりしないです。つまり監督は呼ぶけれど俳優は呼んだりしない。派手ではないです。地味で作家性を大事にする映画祭です。

＊　＊　＊

ロッテルダムの後、キム・ドンホ（金 東虎 Kim Dong-ho）という釜山映画祭を始めた方がいるのです。彼は色々な映画祭を、釜山で始める前に回った中で、ロッテルダムに注目したのです。アジアのハブになって、アジアの映画作家を育てる為にはロッテルダム型の映画祭にしなきゃいけないと言って始めたのが釜山映画祭なのです。釜山は始めた時に基本は育成という意味ではロッテルダムのメソッドをかなりそのまま使っています。ただそれだけだと地味だからオープニング・レッドカーペットも始め、作家性と育成だけでなく話題性も追求しました。でも釜山は何がすごいか。これはロッテルダムと似たように育成部門を最初から用意してあるのです。ロッテルダムとの違いは、育成部門がロッテルダムはプロデューサー中心なのですが、釜山に関しては、まず映画祭部門はロッテルダム以上に充実しています。これはもう四大映画祭、五大映画祭、六大映画祭か分からないけど、世界中の映画祭の話題になった作品を釜山で上映をする。だから釜山のワールド部門は凄く充実しています。カンヌのパルムドールからヴェネチア、ベルリン、ロカルノ、ロッテルダム含めて殆どの映画祭の受賞作品は釜山で観られる。これが釜山のワールド部門の魅力です。

＊　＊　＊

釜山ではそれ以外にアジアの「ウィンドウ・オン・エイジアン・シネマ」というのがあります。アジア関係で水準以上の経験者の部門です。日本映画も10本近くは毎年やっています。釜山は、これ以外にあるのが、いわゆるアジアの一作目二作目の部門なのです。「ニュー・カレンツ」というのです。これだけがコンペです。ですからニュー・カレンツ部門だけがコンペティションで、これもロッテルダムと一緒です。二作目までのアジアの映画で、韓国が二枠ある。それ以外の国も二枠あるのと一枠、その年によって違いますけど、日本から五本とかは通らない。必ず二枠までで、大体10作品ぐらいです。毎年あるのがこのコンペティションです。釜山はそれだけ映画祭は盛り上がっていて本数もすごく多いし、1日に全部で30近い劇場で4回か5回回して、ほぼ10日か11日間、映画祭をやっているので映画はたくさんやる。もちろんその中に短編もあり、様々な部門があります。釜山はその他にマーケット部門があってこれが複合型なのです。アジアの合作系が多い。これがA・P・M、「アジアン・プロジェクト・マーケット」と言っています。釜山全体のマーケットがアジア・フィルム・マー

2017年釜山映画祭A.P.Mにて

ケットでその中にアジアン・プロジェクト・マーケットというのがある。これがロッテルダムのシネマートと同じ企画マーケットで、毎年、応募が600～900ぐらいある。その中で30作品の企画を世界から選んでここでピッチングをする。これもさっきのロッテルダムと同じように机を挟んでやるのです。ロッテルダムとほぼ同じようなやり方で、韓国語と英語と二つの小冊子があります。また企画マーケット以外にマーケットのブースもあるのです。カンヌほどではないけれども、それぞれの作品の売買もできるようになっているのです。

＊＊＊

釜山はアジアン・フィルム・アカデミーというのがあって、これがロッテルダム・ラブじゃないですが、アジアから全部で30人か40人くらい、何百という応募の中から、監督やスタッフも選んで、二つのチームに分けて二本の短編を作るというのをやっている。例えば侯孝賢（ホウ・シャオシエン）がある年の校長になった。今年は是枝監督が校長をやりました。ここから映画作家たちが生まれてきている。日本の映画祭は日本を中心に考えているけれども、釜山は最初から、韓国というよりもアジアを育てていこうという感じです。そこからたくさん監督が生まれている。その中でもう巨匠になって、カンヌで賞を取ったりする人も出てきています。私はベルリンやカンヌも意識して作っていますが、ロッテルダムも必ず行くし、新人はまずロッテルダムと思っていて、深田監督などもそうですね、私がロッテルダムに持っていってそこから火が点いて、次の作品をナントに出したりする。ナントで賞を取ってフランスで公開されるようになったのです。そうやってまず海外の一つのステップとしては釜山とロッテルダムというのが一番いいと思うのです。結局そこから次の段階が三大映画祭。ロカルノもロッテルダムよりもちょっと上の映画祭に入るので、ロカルノを含めて四大映画祭です。

＊＊＊

映画祭とは私にとっては、ロッテルダムや釜山に特化するなら出会いの場所です。自分の企画を持って行ってその企画で向こうのインダストリーの人と会い、企画をプレゼンしたり、逆に色んなプレゼン、例えばリューベンみたいな監督のプレゼンを聞いたり。且つその後のパーティで昼間に会ってきた人たちに突っ込んで話を聞いたり、親交を深める。映画祭に行くと必ずパーティをハシゴするのです。色々な国や会社がパーティをやっている。それは何故かというと人と会うためです。私はプロデューサーとしては日本人以外ともやるので、次の監督と出会うために映画祭に行く。もう一つはその監督と絶対やりたいがために企画マーケットにも出す。私は日本よりも海外の映画の方が、知人の映画関係者が多いので、そうすると映画祭は出会いだけではなく、ミーティングの場所でもあるのです。毎年ロッテルダムに行ったら大体30人以上は知り合いが来るわけですよ。一緒に過ごすことで人間関係はより深まる。あと世界中の映画界の人が来るから、ロッテルダム以外の映画祭に自分の作品を売り込んだり、こういう企画があるのだと説明したりするのもロッテルダムです。ミーティングをたくさんします。空いた時間はなるべく映画を観ます。それも日本に絶対入ってこない映画を。つまりまだ三大映画祭へも行かない、日本にも入ってこない映画を観ると、とても新しかったりするのです。私は映画祭に育てられました。

［2017年8月30日　横浜シネマ・ジャック＆ベティにて］

小野光輔（おの・こうすけ）
プロデューサー
1963年生、神奈川県出身。慶應義塾大学卒業後、東宝に勤務。その後、『クリアネス』（08／篠原哲雄監督）、日台合作『闘茶』（08／王也民監督）をプロデュース。『歓待』（10／深田晃司監督）、『おだやかな日常』（11／内田伸輝監督）、『ほとりの朔子』（13／深田晃司監督）等を製作。プロデュース作『欲動』（14／杉野希妃監督）は釜山国際映画祭で『雪女』（16／杉野希妃監督）は東京国際映画祭で上映、また『死に馬』（16／ブリランテ・メンドーサ監督）にラインプロデューサー兼出演で携わる。SKIPシティD国際映画祭審査員、またアジアフォーカス福岡国際映画祭アドバイザー等でも活躍中。EUのプロデューサー組織aceに所属。福岡女学院大学講師。

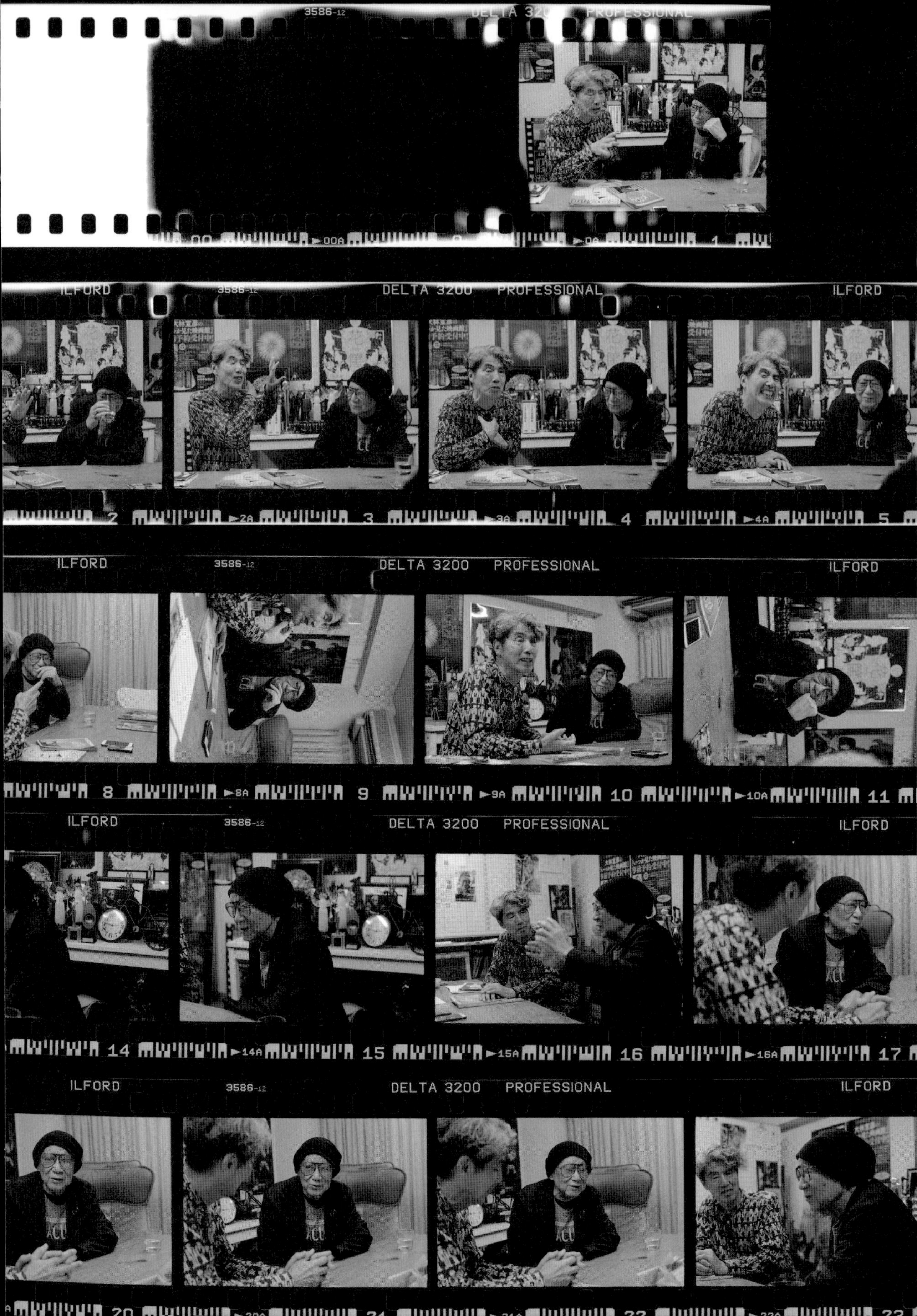
ILFORD
3586-12
DELTA 3200
PROFESSIONAL

『花筐／HANAGATAMI』

特別対談

大林宣彦×安藤紘平

新作『花筐／HANAGATAMI』と映画祭を語る。

大林宣彦監督の『花筐／HANAGATAMI』という素晴らしい映画が出来た。2017年の東京国際映画祭で上映される。大林監督を敬愛し、東京国際映画祭の「JAPAN NOW」部門のプログラミング・アドバイザーであり、自らも監督の安藤紘平氏が、大林映画の魅力、映画祭、監督自身の生き様を含めた、映画への想いや考えを、大林監督と熱く語り合った。

取材＝小笠原正勝　文＝塚田泉　撮影＝助川祐樹

『花筐／HANAGATAMI』

プロローグ

小笠原　新作の『花筐／HANAGATAMI』を観せていただきましたが、もう、感動で涙が溢れています。

安藤　本当にそう。僕は3度目なのに昨日も興奮しちゃって。素晴らしい。その話は後でじっくりと。

大林　雑誌としては映画祭の特集でしょ。私はわりあい、そういうことは大事にしたいんです。そこで『花筐』の話を私がしていいものかということはいまだに悩んでいます。

安藤　東京国際映画祭で上映しますという振り方からね。

大林　そういうことならいいのだけどね『花筐』の内容の話はね。

小笠原　それはこちらも悩ましいことなので。本来、自主映画作家としての大林監督にとって、映画祭はどのようなものなのかをお聞きしたいと考えていたのですが、『花筐』の強烈なインパクトによって映画祭は突き放されました（笑）。しかし、この作品が東京国際で上映されることの意味の大きさ、そしてなによりも大林監督というひとりの人間と、この作品の根っこにあるものは何だろうという思いは膨らみます。そのほかの大林作品にどう繋がっているかということも含めて、映画祭のことと『花筐』の話を伺えればと。

大林　なるほど。私、映画祭に関しても一家言はあるのです。今まで映画祭に出さなかったという理由が。

安藤　あまり出されていないし、ご自分ではまったく出してない？

大林　私から出したことは一度もないです。私が知らないうちにどなたかが出していて、やめてほしかったのになと思ったものはありますが（笑）。

安藤　今の若い人たちは、犬童一心監督にしても黒沢清監督にしてもそうですけど、みんな映画祭をステップにして世界に羽ばたいていっています。

大林　僕の時代は大島渚がそうでした。その1点において私は大島渚を怒ったのですよ。そんなに人に認めて欲しいのか、と。

安藤　だけどその頃はぴあ（PFF）もなかったですし、国内に映画祭はなかったでしょう。映画祭のために映画をつくるわけじゃないですから。

大林　でも、映画祭があるから映画をつくるようになっちゃったのよ。それが私には腹立たしい。映画はファンが育てるものであって批評家が育てるものじゃ断じてないと思っているのです。

『EMOTION＝伝説の午後・いつか見たドラキュラ』から『花筐／HANAGATAMI』へ

安藤　私はもともと映画も演劇も好きで寺山修司主宰の天井桟敷に入っていましたが、仲間だった萩原朔美と、そろそろ僕ら演劇じゃないかもね、と。映画はお互い好きだったので『EMOTION＝伝説の午後・いつか見たドラキュラ』を観たのです。それが初めてだったのですよ、大林さんの映画。衝撃を受けましたね。「あ、これだ」って。映画の世界に迷い込んだと言っていいですね。大林さんは映画祭というものを、いい意味で逆否定されて、そうじゃないんだよという（映画の）つくりかたをされています。僕もそういう形で作った『オー・マイ・マザー』が、たまたま海外の映画祭（オーバーハウゼン映画祭）に出したら賞をいただいたものだから。

大林　ああ、そうだったの。

安藤　今は映画祭というものを足がかりに監督になるという道がずいぶん開けていますが、当時は大林さんが開拓されました。僕は寺山修司とやっていましたが、それと同じ形である大林さんが、突然メジャーの映画の世界に殴り込んだ感じがしたのです。

大林　殴り込んだのではなく両手を広げて迎えられた。僕は殴り込んだことが一度もない人間です。頼まれればやりますよというような。

安藤　今度の『花筐』もそうですけど、常に映画のルールみたいなものをちゃんとわきまえていらっしゃるのに、それを消している。

大林　ルールは常識や教養としてあるわけで、ひけらかすものじゃないから。ルールを知らない連中がいろいろ文句を言っているのですよ。

安藤　『花筐』になりますけど、たとえば2人がいる、向こうが海。2人がぱっと入れ替わる。でも向こうは海。僕も昔はそういう感覚をずっと持ってつくっていたつもりなのに、いろいろなルールを守っている映画やテレビばかりを観ているから新鮮に感じるのですよ。その衝撃が『いつか見たドラキュラ』にあったのです。それで『HOUSE／ハウス』を作られたのですよね。

大林　あれは東宝の松岡功さんが偉かった。「こんなくだらない無内容な台本を読んだのは私は初めてです」と。しかし「私が感心して進める作品はお客さんが誰も観てくれません。ゆえに私が全く理解できない、ばかばかしいとしか思えない台本を、どうかそのまま映画にしてください」と言ったのです。これは見識ですよね。

安藤　でも、その通りご自分のスタイルで撮ってしまう大林さんもすごい。だから僕らも拍手喝采。

大林　褒められようと思わなかったら何やったっていいんです。褒められるということは、あなたの価値観に合わせましょうということ。だから自分じゃなくなるわけです。みんながけなすということは、自分でしかない。

安藤　『花筐』を観て、改めて感動します。もうあちこちで褒めたくなります。もちろん褒められたいと思ってつくっているわけじゃないけど、結果としてそういうものができるのでしょうね。

大林　『花筐』はね、褒める人は多いと思いますが、決して僕を褒めていません。みんな、この映画に感動した自分自身を褒めている。そういう映画なのです。だからあれは監督のせいでもなんでもなく、今がそういう時代になったということなんですよ。時代のリアリティがあるのです。

安藤　その感覚はよくわかります。つまり『花筐』という壇一雄さんの原作があります。でもね、原作を読ませていただくと、似て非なる部分もある。

大林　似て非なるものじゃなきゃ映画にする意味がないじゃない。小説を読んでいればいいんだから（笑）。

安藤　大林さん、いつも口癖でおっしゃいますよね、「嘘から出た真」と。寺山修司も同じような感じで、嘘の中にこそ人間的本質、真実があるのだと。つまりホントというのは人間でなくても存在するけれど、嘘というのは人間でなければ存在しない。今回の『花筐』も、先ほどの2人のカットで、どっちに海があるのかということが、実はそれはおかしいと思う間隔をあけずに、ある種の感動のようなものが湧いてくるわけですよ。

小笠原　『花筐』は、ついに本当の映画を観たという実感があります。原作が短編なのは、むしろ想像力とイメージを発展させると思います。いくらでも嘘がつくれる。文学のダイナミズムと映画のダイナミズムが混じり合って、また対峙し合っています。寺山修司の『田園に死す』も強烈だったけど、さらに強烈でした。悪もあるし、ドラキュラもあるし、裏切りもあるし、全てのものがある。

安藤　でもその向こう側にはきっちり大林さんが……大林さんが言おうとされているもうひとつの映画がある。昔、テレビと映画の話をされたことがありましたね。テレビというのは、むりやり目を開けさせて見せている映像だね、と。僕は『花筐』を観れば観るほど、目をつぶると違う映画が見えてくるのです。

生き続ける敗戦少年

小笠原　『花筐』の映像には時代のリアリティと時代を越えたロマンを感じますし、様々な要素が入っている気がします。自主映画作家といわれる大林さんが、ずっと追ってこられたもの、常に探し続けているようなものを、監督ご自身は語りたくない部分になるのかもしれませんが、出来るかぎりお聞きしたいのです。

大林　語りたくないというよりは、語っても通じないだろうと思って80近くまで生きてきました。でも3・11で、これはものが言えるなという体験をしたんですね。ということは3・11は、私たちの世代にとっては敗戦後のやり直しだったのですよ。そして太平洋戦争を考え直すということに繋がったのです。それもあって、3・11以降の3本目の映画を、今回劇映画で撮ったわけですけれど。私たちは戦争中の子です。私など、爆弾を担いで「天皇陛下万歳！」と言っていちばん最初に敵に突っ込んで死ぬんだと、それが自分にとってもっともいい〝生き方〟だと。〝死に方〟とは言いません、生き方だと思っていた純粋な軍国少年なんですよ。いまだに原典を洗ったことはないけれど、「君死にたまふことなかれ」という詩がありますね。

「親は刃をにぎらせて　人を殺せとをしへしや　人を殺してしねよとて
二十四までをそだてしや」ですか。

安藤　与謝野晶子の。

大林　この詩をね、母親や叔母達が、私を抱っこするときにささやいていたんですよ。きっと彼女たちは、やがて戦争で殺される僕のことを思って、しかもこれが日露戦争で勝ち戦のときの詩だから、まあ許されるだろうと考えて呟いていたのでしょうね。ところが与謝野晶子自身はこの詩をうたったために、あの時代でもいじめられたらしい。まあでも、女性達にとってはそれは歌える詩でした。そうかと思うと、肺病病みの叔父がいましてね、私は「お兄ちゃん」と呼んでいましたけれど、彼が僕を抱き上げて、天井まで持ち上げながら「ゆあーん　ゆよーん　ゆやゆよん」ってね。

安藤　中原中也の「サーカス」ですね。

大林　「落下傘奴のノスタルジア」という言葉の意味もわからないまま耳に入っていて、ああ日本はこうやって戦争をしてきて、このお兄ちゃんは肺病病みで戦争に行けないから非国民として死ぬんだ、と。そのような物語が、私の中ではできていたのです。戦争は勝つか負けるかでしか終わらないわけで、当然勝つと思っていても突然負けるのですよ。そして負けたら、どうもなんとなく大人たちの話で知っていましたから、イタリアもドイツもそうだったように、当然男は撲殺され、女は強姦されるのだと。だからもう自分で死ぬしかない……というところまでが僕の戦中の話なのです。

安藤　はい。

大林　ところが、戦争が終わったにもかかわらず、誰も殺してくれないし、僕を殺すはずの大人たちが「平和だ平和だ」と言っている。その頃、（GHQのマッカーサーが）日本人の精神年齢は12歳だと言ったのかな。とても納得しましたね。ああ本当だ、日本人は12歳だって。こんなに嘘つきでいい加減で、だからいちばん信じられなかったのが敗戦ニッポンの大人なんです。

安藤　なるほど、そうですか。

大林　だから敗戦を実感しないまま今に至ってしまっているのです。僕の中では、昭和20年で終わって、翌年からは1946年。ここからは西暦です。僕は昭和が数えられないし、平成がわからないの（笑）。今はもう2017年でしかない。しかも終戦という言葉もないのです。あくまでも敗戦なんですよ。敗戦というのは9月2日でしょ、戦艦ミズーリの上で（降伏文書に）サインしたわけだから。8月15日は何かというと、玉音放送を流しただけじゃないですか。ほかには何もありゃしない。終戦なんてごまかしているけど、しかも本当に敗戦ならまだしも、北海道では9月5日まで戦争は続いていたのだし。だから日本人は、戦争のけじめもつけないまま生きてきているのです。

寺山修司と立川談志とミッキー・カーチス

大林　寺山修司に始まりミッキー・カーチスに至る、戦前派でも戦中派でもない戦後派、それを僕は〝敗戦少年世代〞と呼んでいます。寺山修司の有名な短歌がありますね。

安藤　「マッチを擦るつかのま海に霧ふかし身捨つるほどの祖国はありや」ですか。

大林　あれが象徴的な言葉。だから寺山が「安保に行く奴は皆ブタだ」と言ったのも納得できますよ。安保と言っていたのはひとつ上の世代なんです。お前ら、戦時中何をやっていた、軍国主義の中で何もできなかったじゃないか。もし安保が成立するのなら、なんでお前らは戦争をやめられなかったんだ、と。戦争が終わって誰も殺されなくなったところで自分の正義なんか振りかざしたって信用するか、ということ。だから僕らは意識的にノンポリになるしかなったのです。〝意識的ノンポリ世代〞だな。でも僕たち自身も何かはやらなきゃいかんので、何をやったかと言うと、誰もやらなかったことをやったのです。それしかない。だから寺山だって、俳句だけ書いてりゃいいのに、芝居はやるわ……。

安藤 映画は作るわ（笑）。

大林 立川談志もそうですね。古典落語の名人で、ジーパンのまま高座に出て「今日は俺は喋れねえぞ」と2時間も3時間も政治談義をしたり、まあ変人奇人の立川談志で通ったけれど。彼が晩年、癌になって、「大林さんだから俺、告白するけどね」と言ってね、ある夜、一度だけでしたが「俺たちみたいな、戦争に負けて殺されもしねえで生き延びてる人間がよ、日本の古典落語やるなんて、どう考えたって理不尽でしゃらくせえよな」と言ったのです。「俺は好きだから古典も勉強しているけど、勉強してること自体がしゃらくせえじゃないか」と。「俺も癌にかかって死ぬけども、俺が本当に俺としてこの敗戦後の日本で生きようとしたら、政治家になって沖縄にでも行って、自分でシャベルで沖縄の土を掘って、核弾頭のひとつやふたつ掘り出さなきゃ、俺がここに生きてる意味がねえ。そう思って政治家になって沖縄に行ったけど、負けた国の政治家に何ができるんだい。だから俺は酒飲んで寝てクビになったけど、大林さん、あのときだけは俺は本気で生きたぜ」とポロポロ泣いて僕に抱きついて、「わかってくれるのは大林さんぐらいだよなあ」と。それから彼の晩年の高座に行くと、客席にいる僕を見つけて「わあ、大林監督がいる。じゃあこっから先の話は大林さんだけにするぜ」と。そういうことを彼は言っていたの。

安藤 大林さんの映画って、そういう感じがしませんか？　つまり、今の立川談志さんが「大林さんだけに話してあげるよ」という感じの何かがね。映画を観ていると、あの青春の苦い感じ、あのエロチシズム、全て個人に語りかけている空気がありますよね。今のそういうことから来ているのかな。

大林 結局、敗戦少年がどう自分のアイデンティティを取り戻していくかということが、僕の敗戦後の生き方ですね。

脳が追いつかない映画

安藤 ひとつお聞きしたいのは、『いつか見たドラキュラ』の映画の最後、まるでサヨナラ映画みたいに、僕たちはもう青春はここでお別れだから、こんなことをしてるのはもう最後なんだ、みたいなことを映画でおっしゃっていますよね。あれは何なのだろうと思うんです。

大林 元気で生きているということにずっと負い目があるんですよ。本来、自決するか殺されているかしていなきゃいけない敗戦少年が、平和日本の中で自由に生きているということはどこか後ろめたい。今日も『いつか見たドラキュラ』を観てきましたけどね、今の若い人たちは、『花筐』と言えば『HOUSE／ハウス』を起点にするのだけど、安藤さんたちの時代はその前の『いつか見たドラキュラ』から観るわけで。あれはロジェ・ヴァディムの『血とバラ』。僕たちは「血とバラ」と呼びますが、アメリカが配給したから「血とバラ」であって、フランス語の原題は「死に至る病」なのですよ。

安藤 ああ、キェルケゴールの。

大林 つまり「絶望」という題名なんです。だからあのラストでバラがしおれるのを、「血とバラ」と思って観れば、お馴染みのドラキュラものの洒落たエンディングとして笑って終わるのだけども、「絶望」だと思って観たら、第一次大戦のアプレゲールたちのフランスの敗戦――勝ったけれども戦争を体験した人たちが、デカダンスの伝統をひいて彼らの映画美学のために、敢えて屈折して描いた、やっぱりあれはフランスの敗戦少年たちの映画だなということが見えてきて、僕はそっちのつもりでつくったのです。

安藤 それはとてもよくわかります。大林さんの『いつか見たドラキュラ』は、いわばドキドキ、ハラハラしながら観るドラキュラ映画ではなくて、どこかに死があるのです。だから『花筐』で血を吐いたらバラの花になるイメージというのは、常にそうなんです。ある種の、青春と死が隣あわせにある感覚の中で、死に憧れて美しい死神の女に恋をした男の話という感じがするんですね。尾道三部作もそうだし、『花筐』も、まさに戦争という死が今ここに迫っているという状況があるからなのか。大林さんは「こ

大林宣彦（おおばやし・のぶひこ）／映画作家

1938年広島県尾道市生まれ。学生時代より自主映画を制作。64年よりCM界に進出し“マンダム”など3000本を演出。77年『HOUSE／ハウス』で商業映画デビュー。自身の古里を舞台にした『転校生』（82）、『時をかける少女』（83）、『さびしんぼう』（85）は“尾道三部作”と称され熱狂的な支持を集める。『この空の花』（12）、『野のなななのか』（14）と、2017年12月16日公開の新作『花筐／HANAGATAMI』は大林宣彦戦争三部作となる。04年春の紫綬褒章、09年秋の旭日小綬章受賞。

うだ！」というメッセージを言ったためしはひとつもないけれど、僕らにはすべてがメッセージに聞こえます。

大林　メッセージが見えてしまえばおしまいだという感覚がありますね。想像力の方が勝るというのかな。メッセージというのは、伝わらなきゃ解らない、伝わってしまえばそれまでなのですよ。茂木健一郎氏が上手いことをいってくれたけれど「大林さんの映画は脳が追いつかない。だから人が感動するんです。脳が追いついたら感心されるだけで感動はしませんよ」と。まさに僕は昔から、お客さんの追いつかないところで映画をつくろうとしてきました。ただ映画的教養があれば、それは全部わかるわけです。だから『HOUSE／ハウス』は、こんなものは映画じゃないというものの代名詞のようにいまだになっていますけれど、映画的教養があれば、これこそが映画だとわかるはずです。

安藤　大林さんの映画って、大林さんにいろんな知識がありすぎて、どこにどんな仕掛けがあるのか、観るたびに発見があるんですよね。

大林　『HOUSE／ハウス』が今、世界中でブレイクしています。まずロスにいる映画マニアが『HOUSE／ハウス』を見つけてくれて〝『HOUSE／ハウス』という映画をつくった大林という20代の監督〟を日本に探しに来たのです。つい4〜5年前の話。おじいちゃんの監督ならいるけどという話になってね。はじめに（娘の）千茱萸《ちぐみ》さんのところに来たので『HOUSE／ハウス』は私が12歳のときに原作を書いて父が撮った映画で、父は今72歳です」と答えたら、「ありえない。72歳の老人があんなに若々しい映画を作るはずがない」と思ったそうです。どうもアメリカでは「黒沢清に継ぐホープ」という扱いなっているらしい（笑）。それでも、やむなく僕に会って「なぜこのような若々しい映画を？」と聞くから、「君が生まれるずっと前から、映画の誕生から僕はずっと見ているからだよ。過去をよく知れば未来がよく見える」と言ったら納得してくれました。

大林宣彦＋安藤紘平の東京国際映画祭

安藤　少し前に「東京国際をどう思う？」と聞かれて、けちょんけちょんにけなしたんですよ。こんな映画祭は映画祭じゃないと。何がいけない？と尋ねるから、日本の映画をちゃんとリスペクトしてないから、今、日本で中心になっている監督の映画をちゃんと上映する形をやらなきゃダメでしょうと言って、「JAPAN NOW」という部門を立ち上げました。それで『花筐』を観たら、これはもう海外に紹介しなきゃいけないし、日本の方もこのJAPAN NOWを観てくれれば、日本の今というのを感じてくれると思うから、今年のJAPAN NOWに『花筐』の上映をお願いしたのです。

大林　安藤さんに預けただけです。僕はね、全てのことは人だと思っているんです。日本という国は特に制度になると政治といえども経済といえども全て犯罪になってしまう。その最たるものが大日本帝国、そして軍需産業という制度が生んだ戦争ですよね。映画というものは極めて自由でなきゃいけない。ところが映画祭となると制度になるのです。その映画祭のご贔屓の監督とかが出てきたりする。制度になると人間の中のいちばん嫌らしい嫉妬の論理が出てくるのです、特に日本の場合は。そうすると、本当に純粋に映画を愛してくれる人ならいいけれど、あいつの映画だから嫌だとかいうようなことが顕在化してくるんですね。そうなると、愛されるにしろ嫌われるにしろ居心地が悪い。居心地が悪いところで映画をつくることが、僕はいちばんいけないと思っていますから、そういうところには参加したくないということなの。

安藤 映画祭というものには、自分からは出品したことはないとおっしゃっていましたね。

大林 一回だけ、ある海外の映画祭から『ふたり』を2時間バージョンにしてくれと言ってきたんです。このときは大きな会社も絡んでいたのでやむなく出したんですが。人がつくった作品を映画祭のために2時間にしろなんて、なんて無礼なところだろうと思いました。映画祭をやるのなら100時間の映画だって上映しろと。この年まで生きていると、映画祭の審査員をやることもありまして、僕はいかなる場合も、100時間の映画でもちゃんと観ます。予備審査から全部、僕は観るよという約束で引き受けるようにしています。制度の中でものが転がされるのは大嫌いなので、嫌いなものには近づかない方がいいと思いましてね。

安藤 （苦笑）はい……すみません。

大林 東京国際映画祭はね、ご縁は初期からあるのです。たぶん2回目くらいからは間違いなく。当時テレビ局が中継していて、崔洋一君と2人で解説するということを3～4年続けたかな。そのうち、台湾映画が中国映画として上映されるようなことがあったのです。それで、そういう制度がいやになって辞めました。でも僕の映画も東京国際では何本か上映してもらったことはあって、それがベルリン映画祭につながったりしましたよ。あれは『この空の花―長岡花火物語』かな。

安藤 でもこの『花筐』はできるだけ若い人たちに観てほしいですね。またこの映画の話になっちゃうけど（笑）、吉良がピクニックに誘われるじゃないですか。で、嫌なんだけど、「でもこんな感じでふっと戦争が始まっちゃうんだろうな」とか言いながらピクニックに出かけていく、あれが好きなんですよ。なんでああいう事柄を撮れるんだろうと思って、あんなにさりげなく。

大林 映画という芸術は機械文明が生んだものです。だから表現は発明でなければいけないのです。発明することによって人々が幸せになるという発明でなければならいけない。僕はそれが映画の責務だと思います。だから僕はいつも発明をしようとしているのです。発明というのは新しいものだから評価の基準がないでしょう。だからとりあえずけなしておけばいい、「こんなの映画じゃない」って（笑）。

安藤 本来そういう映画をやるのが映画祭の役目だと、本当にそう思います。先ほど監督がおっしゃった100時間の映画なんて、映画祭でなくてはなかなかできない。そういうものをちゃんとやる映画祭でないと存在意味がないですしね。そういう映画をやれない映画祭はダメだと思いますね。

安藤紘平（あんどう・こうへい）／映画監督

青年時代、寺山修司に師事。繊細で独創的な表現力で知られる映像作家。ハイビジョンを使っての作品制作では世界的な先駆者。多数の作品で、ハワイ国際映画祭銀賞、モントルー国際映像祭グランプリなど数多く受賞。パリ、ニューヨーク、ロサンゼルス、東京等の美術館に作品を収蔵。2001年、2005年パリにて安藤紘平回顧展開催。早稲田大学名誉教授。

エピローグ

小笠原　映画祭に出品することは躊躇されても、審査員としては参加することは多いですよね。審査員は積極的にやってもいいという意識があるのですか?

大林　それはありますね。他の人が見過ごす作品を僕は発見できるかも知れないという気持ちがあります。幸いなことに映画が誕生したときからの映画を、観られる映画は全部観ているのです。60年代までの映画は、日本で観られるものは全て観てきたという自負があるので、淀川（長治）さんたちが亡き後は、私が歴史上の映画をいちばん観ている人間だと思います。衛星劇場ではもう3年ぐらいサイレント映画をやっていますが、サイレントで4時間なんて映画があるのですよ。観る前は怯えますよ。でもスイッチ入れて、立ったまま2時間は観ています。オッと気づいて座っても、身を乗り出して観てしまうほど面白い。映画というのはサイレント映画でいっぺん終わっているのですね。サイレント映画までを全部観ると、未来の映画も全部見えますよ。

小笠原　映画というのは、観られることで映画として成り立っていくということですね。

大林　最近よく言っているのですが、僕は、映画をつくったことはないのです。映画をつくるとなると、いい映画や面白い映画を作ろうなんて邪心が働くから。そうじゃなくて、世の中を面白くよくするために、映画というたいへん使い勝手のいいものを使ってものを言っているだけなのです。それがどうも僕にとって、もっとも違和感のない映画との付き合いですね。映画を使って、風化しないジャーナリズム、戦争と平和について語るというのが僕の生き方。それにはそういうフィロソフィーが必要でね。

小笠原　映画の有りようを考えると、今のお話は何にも代えがたい重みですね。

大林　黒澤さんが晩年よく話してくださったけど、「俺も東宝クビになってアマチュアになったんだよ。大林くん、アマチュアっていいねえ。東宝映画をつくる必要ないんだぜ。俺はこれから、本当に俺が撮らなきゃならん、撮るべき映画を撮るぞ」と。そして撮ったのが『夢』です。先輩はそこで初めて原発問題や戦争問題を撮り出して、「なあ大林くん、君ならわかってくれるだろうけど、アマチュアだよなこの映画は」と言っていました。

安藤 『夢』の景色も『花筐』の中に見えますもんね。先ほどの質問にあった審査員について、大林さん自身としては言いにくかったかもしれませんが、大林さんは若い人たちにすごく優しいんですよ。そういう形で大林さんが審査員になって、何人発掘したことか。犬童くんのときは、ぴあ（PFF）の審査員でした。「僕、大林さんに見つけていただいたんです」と言ってましたよ。

大林 犬童くんが面白いことを言ったことがあります。山田洋次さんと話していて「僕が映画をつくり始めころから『男はつらいよ』はありましたけど、それを観て映画を作ろうとは思いませんでした。大林さんの映画を観たら、キャメラさえ持てば映画が撮れると思いました」。そしたら山田さんが「なるほど。それは松竹じゃできませんな」って（笑）。

安藤 僕は山田さんに面と向かって「僕は山田さんの映画、大嫌いだったんです」と言ったことがあるのです。「寅さんなんかを撮ってるやつがなんだ」って。ところがね、寅さん好きなおふくろを連れて一年に2回の親孝行で、『男はつらいよ』を観にいったとき、待てよこれも映画だなと思いましてね。僕は大林さんの『いつか見たドラキュラ』を観て、萩原とともに寺山さんの劇団を出たのですが、そうしたら寺山さんが『田園に死す』を撮った。私はそういう映画を撮ろうと思っていたわけで、山田さんの映画は大否定していたのです。

大林 今観ると、山田さんの『男はつらいよ』はひとつのジャーナリズムです。日本の高度経済成長期を映画で語れといったら寅さんを観ればいい。

安藤 『家族はつらいよ』も、今に対してちゃんと（向き合っている）。大林さんとやり方が違うだけであって。

大林 このところ、高畑勲さんを含めて、3人の老人が非常に共感しあっているのですよ。要するに戦争を体験している3人。高畑さんは81歳、山田さんは86歳。結びつけているのはやっぱり戦争なんですよね。

安藤 寺山さんは政治を信じていなかったから、大林さんと同じです。

大林 映画祭にひとつお礼を言いたいのは、このあいだのウディネファーイースト映画祭（イタリア）に呼んでいただいて、功労賞というものをいただきました。それはこの年まで映画をつくってきたからと思っていたのだけど、そこで『HOUSE／ハウス』と『時をかける少女』と『転校生』と『狙われた学園』を上映したのかな。『狙われた学園』というのは、僕の『HOUSE／ハウス』から始まって、批評家がいかに「映画じゃない」と悪口を言うか手ぐすね引いて待っていた時期だったから、こっちも批評家いじめみたいな映画をつくったのですよ。さあ悪口言ってみろ！という。だから功労賞で上映されていいのかな？と思ったのですが、その上映の日が解放記念日、ようするに戦争が終わった日で、そのセレモニーに『狙われた学園』が上映されたのです。

安藤 『狙われた学園』は、どうやって戦争が始まるかという話ですよね。

大林 作った僕としては「また悪口を言え」という映画だった。ところがセレモニーに行ったら、角の向こうから行列が出てきたんです。僕も一緒になって歩きました。戦争を知らない世代と一緒になって歩いて、日本人で一緒に歩いた人は珍しいと言われました。厳粛な気持ちになって会場に戻ったら、『狙われた学園』でしょ。こんな日にと思って観始めたら、戦争とはこうやって起こるんだということを子供たちに教える絵解きなんですね、そういう映画を作っていたんだと自分で気が付いたのです。自分の映画を再発見するきっかけになりましたね。作者が気付かない価値を、映画祭が発見させてくれる。これがウディネファーイースト映画祭という映画祭が持っているフィロソフィーなのです。

安藤 映画祭にフィロソフィーがないとダメですね。それなのですよ。映画祭に求めたいのはそこなのです。それを持てば大林さんに「いいよ」といつでもおっしゃっていただける映画祭になると思うのですけどね。

［2017年9月15日　世田谷区成城PSCオフィスにて］

神田の一郭のホールを、
学問、文化、芸術の可愛い小さいが、
どこにもないような独特の花園に
育てあげてもらいたい…
——野上彌生子

燃えたぎる
文化の座席

～岩波ホールの50年、エキプ・ド・シネマの43年～

岩波ホールが開館して来年２月に50年を迎えます。
多様化と変化の著しい時代にありながら
変わらず文化・芸術の灯りをともし続けていることは
希有の存在といってよいでしょう。
多目的ホールとして1968年の杮落としから、
映画史研究講座、演劇や音楽のシリーズから伝統芸術の会など、
様々なジャンルの芸術、芸能を提供し、
1974年には、ミニシアターのさきがけともなった
エキプ・ド・シネマがスタートし、いまだ現役です。
故・髙野悦子さんの存在と、
文化の風土を耕し続ける岩波ホールの原動力とエネルギーは何なのでしょうか。

インタビュー＝岩波律子

髙野悦子と私と岩波ホールの50年

聞き手・文＝植草信和　取材＝小笠原正勝　撮影＝助川祐樹

岩波ホールの誕生と髙野悦子

——岩波ホールは1968年に創立されたので来年2018年が50年の記念すべき年になります。半世紀、僅か230余席しかない小さな劇場がよくぞ持ちこたえてきたと感慨深いものがあります。そこで今日は岩波律子支配人に「岩波ホールの現在・過去・未来」を伺っていこうと思います。まず簡単に発足当時のことから教えてください。

岩波　1968年当時、私はまだ学生でしたからあとから人から教えられたり、本を読んで知ったことしか語れませんが。1969年には東大安田講堂の立て籠もり事件があり世界各地で学生運動が激しく起こった頃で、ある意味、時代の変わり目であったと思います。岩波書店創業者の岩波茂雄の息子、すなわち私の父岩波雄二郎が岩波書店の社長を勤めていましたが、岩波書店とはまったく別に、個人で神田神保町にビルを建て、そこに岩波ホールを作りました。

——僕も当時神保町界隈で学生時代を送っていたのですが、まだホールは建っていなくて、竣工するまでの数年間は「神田古本祭り」の会場になっていました。

岩波　千代田区から、将来神保町には地下鉄が3本も通るので、文化施設を作って欲しいという要望が来ていたことと、もう一つは、岩波茂雄はお芝居が好きで、先代の吉右衛門さんや、山本安英さんと親しくて、特に安英さんには劇場を作ってあげますよと、約束していたそうです。しかし、その話は戦争があったりして、一旦お流れになったのですが、その所縁もあってビルの10階に232席（現在は220席）の小劇場を作ったというのが簡単な背景です。

——支配人は最初から髙野悦子さんと決まっていたのですか。

岩波　そうですね。髙野は私の叔母（岩波さんのお母さんの妹）にあたるのですが、彼女は映画の勉強のためにフランスに留学していて、1962年に帰国してテレビドラマの制作に関わっていましたからちょうどいいタイミングだったのですね。

——最初のころは「文学・演劇」をテーマにしたイベントのようなことをやっていましたね。

岩波　そうです。初期の頃（1968〜1973年）は、多目的ホールという形で、映画も上映できる、講演会もできる、古典・民俗芸能、演劇、またコンサートもできるようにグランドピアノも置いてありました。岩波雄二郎社長が髙野に、「私は口を出さないから、よい企画なら何でもやってください」と常々言っておりました。これは岩波書店の創業者・岩波茂雄の、「いいことをすれば、皆さんが分かってくださる」という考えに通じております。

パリでの体験と修行時代

——1968年といえば、映画人口が3億人を切って日本映画の凋落が一段と激しくなったころですね。岩波ホールは今は主にヨーロッパ・アジア・中南米などの名作を上映していますが、当時はどうだったのでしょうか。

岩波　外国映画ではドイツ、イギリス、イタリア、

岩波ホール開館当時の１階入口

開館当時のホールロビー

フランス、ロシアなど各国の映画史が、講師のお話つきで上映され、ときどき「ポーランド映画祭」や「キューバ映画祭」もやっていましたね。

――その他、映画以外ではコンサート、演劇、伝統芸能、文芸に関する催事も多かったのですが、あまり紙幅もないので省略します。その中でもっとも活発だった演劇について教えていただけますか。

岩波　そうですね。演劇ではありませんが私としては、津軽三味線の高橋竹山さんの演奏会が忘れられません。竹山さんが、津軽三味線を伴奏としてではなく、コンサートのように舞台で演奏したのは岩波ホールが最初です。同時に、盲目の瞽女《ごぜ》さん達が、三味線を弾いて門付けのときに歌う哀調に満ちた「越後瞽女唄」を正統高田瞽女の杉本キクイさんたちが舞台に上り、演奏してお話しされたのも忘れられない思い出です。さて本題の演劇ですが、前衛とかアングラと呼ばれた早稲田小劇場の演出家・鈴木忠志さんによる「トロイアの女」「バッコスの信女」というギリシャ悲劇を上演しました。日本の古い着物をまとって演ずる悲劇は、衝撃的でした。これには朝のTVドラマ『ひよっこ』でも話題の白石加代子さんが出演していますが、彼女はその後武智鉄二さんによる「東海道四谷怪談」で、お岩を演じています。伊右衛門役は中村扇雀（現・坂田藤十郎）さんという豪華版でした。

――1992年からスタートした白石さんの「百物語」シリーズは大変な人気になり、岩波ホールの名物になりましたね。そして1974年、髙野さんの専門分野である映画を中心とした「エキプ・ド・シネマ」の活動がスタートするわけですが、律子さんはホールに入る前にパリに留学していましたね。

岩波　そうです。1976年にパリ商工会議所が作った「高等秘書養成センター」（CPSS）に入学しました。大学を卒業したフランス人が、より高度な技能を修得するための1年間の実務学校でした。この学校は、スパルタ教育で、朝8時半から夕方5時までみっちり仕込まれました。

『ホセ・リサール』のマリルー・ディアス＝アバヤ監督（中央）、髙野悦子と

そこを卒業してやはりパリにあった「東洋言語文化研究所」に入ってフランス語で日本文化を学びました。フランス語の勉強も出来ると同時に日本文化の研究ができるというところに惹かれたのですが、日本のことをもっと知りたいという心境になっていたんですね。この研究所では、大江健三郎先生の小説をフランス語に訳す、などという難しいこともやり、「日本における婦人雑誌」というテーマでフランス語の論文を提出しました。幸い、このテーマの研究は他に誰もいなかったらしくて、合格しました。

――パリでは映画も観ていたんですか?

岩波　勉強が忙しくてあまり観ていませんでしたが、髙野がカンヌ映画祭に連れて行ってくれたのが唯一の映画との接点です。

――帰国は何年ですか?

岩波　1978年です。帰国してしばらくぶらぶらしていたら髙野が「手伝いに来ない?」と声を掛けてきたのがきっかけで岩波ホールに入りました。私が入って暫くしてルキノ・ヴィスコンティ監督の「家族の肖像」が大ヒットになり、事務室の電話が鳴りっぱなしで、お手洗いにいく暇もないくらいでした。それが岩波ホールの最初の思い出ですね。

――その他、記憶に残っているのは何ですか?

岩波　非常に印象深いのがアフリカの巨匠、セネガル人の映画監督のウスマン・センベーヌさんです。1984年『エミタイ』、1989年『チェド』、2006年『母たちの村』を上映し、2007年に亡くなられたのですが、監督の人柄も作品も素晴らしくて忘れられません。

　あと『痴呆性老人の世界』、『安心して老いるために』など一貫して「人間の老い」を追究した羽田澄子監督の作品ですね。2007年の『終りよければすべてよし』で医療サイドから見た終末期医療の現状と課題を明らかにしました。高野を看取ったときなどこの映画から学んだことが精神的に参考になりました。

　最近では、2013年に公開した『ハンナ・アーレント』にはたくさんのお客さんが来てくれたことですね。ドイツ系ユダヤ人の女性政治哲学者ハンナ・アーレントの反ナチスを描いた映画ですが、幅広い年齢層のお客さんが、戦後70年近く経ち、今また自分の頭で考えなければいけない情況になったと感じて来てくれたと思います。映画というのは時代を映す鏡ですから今はそういう時代になっているという危機感がそうさせたのだと痛感しました。

――高野さんの業績はたくさんありますが、「東京国際女性映画祭」のプロデュースとアジア映画を多く取り上げたことが挙げられますね。

岩波　「女性映画祭」は1985年から2012年まで27年間、25回プロデュースしました。私自身も目が開かれ、岩波ホールでの女性監督作品がだんだん増えてきました。1980年代後半から2000年頃まで、年間の上映本数の半分以上が、女性監督の作品だったことが何回かありました。2000年には、全作品が女性監督のものでした。岩波ホールの上映期間は2ヶ月程度ですから、全部といっても5、6本ですが……。時代の流れで、そうなったといえます。

　アジア映画に関しては「エキプ・ド・シネマ」がインド映画から始まったのはとても象徴的で、サタジット・レイの映画は、合計14本上映しました。その流れが『芙蓉鎮』『宋家の三姉妹』などの中国、香港映画、更に東南アジアにも広がっていきます。

――高野さんが亡くなったのが2013年2月9日ですからもう4年が経ちましたが、創設50年の節目を迎えて改めて思うことはありますか。

岩波　50年間で55ヵ国、243本の映画を上映してきましたが、高野本人はここまで来るとは思っていなかったと思います。今は高齢化社会で岩波ホールの観客もその例外ではありませんが、どのようにしたら若いお客さんにも来てもらえるのか、その対策に取り組んでいます。現在では、初期の頃を知っているスタッフも減り、若いメンバーが多くなりました。積み重ねられた歴史を振り返りながらも、これからは若い感覚を取り入れた作品選択も増えてゆくでしょう。また、気長にお客様からのアンケートを集めながら、よりよい環境で鑑賞していただけるよう、改良すべき点を改良してゆきたいと思います。

［2017年9月22日　岩波ホールにて］

岩波律子（いわなみ・りつこ）／岩波ホール支配人

岩波ホールの前社長だった故・岩波雄二郎の長女として東京で生まれる。1975年学習院大学大学院・仏文科修士課程修了。翌年フランスに留学、高等秘書養成センター（CPSS、現NOVANCIA）卒業。77年に東洋言語文化研究所（INALCO）・日本部門修士課程修了。フランス語で日本文化を学ぶ。79年岩波ホール入社。外国部、宣伝部、編集部を経て90年に支配人就任。翻訳書に「カメラの旅人―ある映画人の思索と回想」（ポール・コックス監督著、07年、北沢図書出版）がある。エキプ・ド・シネマではサタジット・レイ、イングマール・ベルイマン、アンジェイ・ワイダ、エルマンノ・オルミ、マノエル・ド・オリヴェイラ、アラン・レネ、ウスマン・センベーヌ、黒木和雄、羽田澄子など世界の名匠、巨匠など多くの映画作家の作品を上映する。

耕し続ける文化の風土

座談会＝佐藤忠男＋香川京子＋川本三郎

岩波ホールが来年（2018年）2月に開館50年を迎えます。今の時代に、ひとつのことを持続している50年というのは、生易しい時間ではありません。続けてこられたことのすごさを思います。岩波ホールの流れとその中身、人々の交流などの全体像を、佐藤忠男さん、香川京子さん、川本三郎さんに、様々な思いやエピソードとともに語り合っていただきました。

司会＝小笠原正勝＋植草信和　文＝坂崎麻結　撮影＝助川祐樹

岩波ホールとの出会い

小笠原　時代を遡りながら岩波ホールとの関わりを、佐藤さんからお聞かせいただけますか。

佐藤　岩波ホールができたとき、髙野悦子さんに呼ばれて、相談役みたいなことをしてくれ、と言われましてね。最初は、岩波系の偉い学者たちの講演会みたいなものがありました。それから芝居を上演しました。当時は小劇場運動が盛んだったから、小さい劇団だけど、後に大物になるような人たちがここでいろいろ芝居をやりましたよ。だいぶ経ってからは、川喜多かしこさんとともに映画を上映するようになりました。私も何度か関わったけれども、映画の上映会のいちばん大きなものでは、日本文学作品の名作の映画。これをシリーズで何回もやりましたね。開催中は関係者が呼ばれてトークをしたのだけど、誰もいないときは私が呼ばれて（笑）。

小笠原　1968年に柿落としでスタートした時点では、岩波ホールは映画館ではなく、多目的ホールとしてあったのですね。74年にエキプ・ド・シネマがスタートするまで、映画史講座から演劇、音楽、芸能まで含めて、様々なことをやってきている。佐藤さんはごく初期の頃から関わっておられますが、野上彌生子さんが講演された柿落としのときもいらっしゃったんですか？

佐藤　ええ、その頃は野上さんとここ（岩波ホール）で会ったことがありますよ。

川本　エキプ・ド・シネマの第一回目の上映はサタジット・レイ監督の『大樹のうた』でしたが、あれも佐藤さんのご意見があったんですか。

佐藤　いやいや、あれは川喜多かしこさんが外国の映画祭などでサタジット・レイの映画を観て非常に感心してね、「あなたの作品を全部、私が日本に紹介する」というような約束をしたのです。それで『大地のうた』をアート・シアター（ＡＴＧ）で上映して、それは成功したのですよ。ところが次の『大河のうた』でコケたんです。なぜかというと、その頃アート・シアターは日本映画の製作を始めた頃で、そちらの方が人気があったから。アジアの外国映画というのはまだ人気がなかったんですね。それで、そういう映画を中心にやる映画館が必要になった。それ以前はどんな映画でも大きい映画館でかかっていたのだけど、その頃になると大衆的な映画とアート系の映画は違う映画館で上映されるようになってきたんですね。特にサタジット・レイのような作品を上映するなら、アート系専門の映画館を作らなきゃだめだということは、当時いろいろな人が言っていました。そういう皆さんの意見をまとめるようにして、その頃は東和が東宝と結びついたから、そういう映画館が欲しいと東宝に頼みましてね。要するにアート系の小映画館、ミニシアターというものができたのだけど、それもあまり（サタジット・レイ作品の上映には）アテにならないということになって、岩波ホールに目をつけたわけです。

小笠原　東宝と東和が協力したというのが背景にありますね。

佐藤　髙野悦子さんもその頃はまだ駆け出しで、映画の配給のことはあまりよく分からなかった。それで東宝が、日劇文化劇場の支配人をしていた西久保さんを紹介して、彼が実務をやるからと。じゃあサタジット・レイを大々的にやろうということになり、それが第一回目。だけどそのときはまだ、岩波ホールが今のように映画専門になるという見込みはなかったんです。ただサタジット・レイの作品を3本一緒にやろうというアイデアだけがあって、これが成功したので、それから以後は映画専門になっていったのですね。

小笠原　初期の頃はお芝居も並行して、映画とオーバーラップして上演していましたね。

川本　では、最初は東宝の資本が入っていたのですか？

佐藤　いや、岩波ホールはそうではないけど、アート・シアターにはね。映画界が総力をあげて協力したということになっているし、事実、ほかの会社も多少は協力したのですが、アート・シアターというのは基本的には東宝のものです。ご主人の川喜多長政さんが東宝の重役になり、川喜多かしこさんは業界から離れて、別次元の映画上映運動家のような立場になりました。アート・シアターが日本映画をつくり始めて外国映画を輸入しなくなったので、かしこさんが東宝と話をつけたんですね。要するにアート・シアターが日本映画専門になったから、岩波ホールは洋画の小さな輸入映画を専門に上映するという方向に狙いを定めていこうと。かしこさんが髙野さんをそう諭したのです。当時、髙野さんはかしこさんに叱られて泣いたりもしていましたよ（笑）。

小笠原　香川さんは、どのような形で岩波ホールと出会ったのですか。

香川　最初はどういう出会いだったかあまり覚えていないのですけれど、髙野さんがパリに留学なさる前からお付き合いがあったんです。私はベルリンの映画祭に三船敏郎さんや志村喬さんとご一緒して、パリにしばらくいたことがありました。その頃にちょうど髙野さんがIDHEC（パリ高等映画学院）にいらしたので、現地でお目にかかって、パリでセールがあるから、と一緒にお洋服の生地を買ったりして、そんなふうに遊んだ覚えはありますね。ただ、髙野さんが大変なご苦労をして学校に行ってらっしゃるというお話はとくに伺わなかったものですから、のんびりとお付き合いしていました。私が日本に帰ってきてから、髙野さんも帰国し、テレビのお仕事をなさったんですね。64年だったと思いますが、芹沢光治良さん原作の「巴里に死す」というドラマの脚本を髙野さんがお書きになったとき、私は出演させていただきました。確か森雅之さんや佐田啓二さんも出演なさっていたかな。

植草　髙野さんが監督されたのですか？

香川　監督じゃなくて、脚本を書かれたんですね。演出はなさらなかった。それで岩波ホールとのお付き合いは、確か12回目くらいのパーティに出てくださいとお話があったのがはじまりだったと思います。テレビの時代だったものですから、私自身は映画の出演がだんだん少なくなっていた頃で、自分の出た作品のお話をするということはあまりありませんでした。でも韓国の方や映画人の方がみえて、シンポジウムで例えば家族のことについてのお話をするときには参加して、私なりのお話をさせていただいたり、そういうお付き合いでしたね。ただ、『ひめゆりの塔』と、少し後ですが『赤い鯨と白い蛇』を上映してくださったことは覚えています。そのときは作品についてお話したと思います。

高野悦子さん、せんぼんよしこさんと

小笠原　川本さんはいかがですか？

川本　東京の名画座と言いますと、私が十代の頃はまず新宿の日活名画座がありました。いまの丸井のあるところ。

香川　あそこ、私もずいぶん行きました。

川本　50年代でしょうか、日活名画座は和田誠さんがまだ若い頃にポスターを描いていて。そこで戦前のフランス映画などを観ることができました。普通のチャンバラや西部劇ばかり観ていた映画ファンからすると、日活名画座に行くのはかなり新鮮な体験でした。それで62年、私が高校3年生のときに、先ほど佐藤さんがおっしゃったアート・シアターがオープンしたんですね。これがやっぱり、とても新鮮でした。今でも覚えていますが、第1回目はポーランド映画の『尼僧ヨアンナ』で、高校3年生の私は何が何だかさっぱり分からなかった（笑）。でも、何か異様なものを観たという凄みだけは分かりました。それからイングマール・ベルイマン監督の『野いちご』なんかも観たりして、そういうアート・シアター体験というのが60年代にあり、その後、74年に岩波ホールが映画を上映するようになったんですね。ただ、その頃の岩波ホールは正直なところ敷居が高すぎて、お上品な奥様方が行かれる映画館というイメージ。私のような西部劇やチャンバラで育った映画ファンが行くところではない、という思いはありましたね。当時はやくざ映画や日活ロマンポルノが出てきた時代でしたから、そういうものはやらない、というのは髙野さんの姿勢だったと思うんですけども。そちらばかりを観ていた人間からすると、ちょっと敬遠しがちな映画館でしたね。

植草　なるほど、そうですよね。

川本　でも後になって考えてみると、『木靴の樹』を観たあたりからでしょうか、岩波ホールをすごいなと思うようになってきたのは。

小笠原　『木靴の樹』は岩波ホールでご覧になったのですね。

川本　そうです。長い映画でしたね。それから、ベルイマンの『ファニーとアレクサンデル』、あれも6時間近くあったと思います。ただ椅子はあんまり良くなくてね。前の席との段差もあまりなかったから、かなり観にくかった記憶がありますよ（笑）。

岩波ホールと映画のあゆみ

小笠原　多目的ホール時代には伝統芸術の会などいろいろな催しものが行なわれていました。その頃のことは覚えてらっしゃいますか。

佐藤　映画をやる前のことはね、ひとつだけよく覚えているんです。能役者と市原悦子さんが共演した「バッコスの信女」という芝居がありましてね。当時、文学座、俳優座、劇団民藝といった大手の劇団があまり話題にならなくなって、小さい劇団があちこちにできました。ちょうどその頃は、そういう小さい劇団がしきりと岩波ホールを借りにきていました。

小笠原　「バッコスの信女」は早稲田小劇場の鈴木忠志さんが演出されていましたね。

佐藤　髙野悦子さんは元々、東宝の社員でした。そして日本女子大学時代から社会心理学者の南博さんのお弟子さんだったから、映画の観客の分析もやっていたんですね。この映画はこういう層に受けるというマーケティングリサーチを東宝でやっていたのですが、（髙野さんが）そんな仕事よりも監督をやりたいと言ったら、監督は女はだめだみたいな話があったらしい。ではどうしたら監督になれるか考えて、パリで勉強してくれば箔がついて監督になれるだろうというようなことで、パリのＩＤＨＥＣに行ったのです。そこで『鉄砲伝来記』のシナリオをポルトガルの学生だったパウロ・ローシャと一緒に書いたんですよ。そして、それを二人で映画にしようという気持ちがあった。のちに彼は日本にポルトガル大使館の文化担当官として来て、それから十何年も日本にいて『恋の浮島』という映画をついに二人で作り上げたのですけどね。その『鉄砲伝来記』の映画を髙野さんが監督して作るはずだったのに、大映が別の監督で映画化してしまって、少しもめたんですよ。詳しくは知らないのだけど、そういうトラブルがあり、髙野さんが訴えて裁判になったんです。たかがＩＤＨＥＣに留学しただけの東宝の社員だった女性が大映を訴えるとは何事かということが話題になって、業界ではそれで最初に（髙野さんの名が）知られたんじゃないかな。そして、もちろん大映で監督をやるなんていう夢はその瞬間になくなってしまった。

小笠原　髙野さんがこだわっておられたことで、もっとも苦労したことではないでしょうか。

佐藤　しかし髙野さんは岩波書店の社長の義理の妹だったから、岩波の社長が髙野さんに、映画をせっかく勉強したのだから岩波ホールをやりなさいという形で髙野さんが支配人になったわけですね。彼女はとても行動力のある女性だったし、映画関係の講演会や勉強会をよくやっていましたから、川喜多かしこさんの目にとまって、岩波ホールでサタジット・レイを上映するということになり、映画館になっていったわけです。

小笠原　香川さんは、岩波ホールへは、映画を観たりとかプライベートで足を運ばれたことはあるのですか？

香川　先ほど川本さんもおっしゃいましたけれど、やっぱり女性が観たいと思うような作品が

多いじゃないですか。だからお客様には、若い方ももちろんですけど、わりと中年の女性が落ち着いて観られる作品が多いから、そういうことで人気があったんじゃないかしら。私もその一人でしたね。考えてみたら、私、来年で芸能界に入って70年なんですって。自分でもびっくりしちゃいますけど。私が入った頃は、今みたいに若い人が観る映画と大人が観る映画は別々ではなくて、一緒だったんですね。例えば『近松物語』のような作品でも若い男性の方も観に来てくださるような時代でした。だからこそ岩波ホールの、奥様たちが落ち着いて観られる作品が多い、という専門性は魅力的だったと思います。

小笠原　川本さんは、その後「敷居が高い」という岩波ホールの印象は変わっていきましたか。

川本　岩波ホールがスタートしたあとから、いわゆるミニシアターブームというのが起こりました。新宿の歌舞伎町にシネマスクエアとうきゅうがオープンしたり、バブルの頃にシネセゾンがオープンしたりして、ミニシアターブームのなかで次々にアートフィルムを上映するようになってくると、岩波ホールの特殊性というのは薄れてきますよね。ミニシアターのなかのひとつという位置づけになってきたから、そのぶん行きやすくなったと思います。ただ、上映した映画のリストを見ますと、よくこんな映画をやったなあと思いますよ。コートジボワールとかブルガリアとか、縁の薄い国の映画を次々にやっていたので、なんだここは、と驚きましたね。でもそのなかにルキノ・ヴィスコンティがあったり、フェデリコ・フェリーニがあったり、それから岩波ホールというと何といってもアンジェイ・ワイダですね。ポーランド映画というのは、先ほども言いましたようにアート・シアターの第一回目の作品がイェジー・カヴァレロヴィチの『尼僧ヨアンナ』だったこともあり、ある世代にとってはものすごく大事な映画のジャンルなんです。

小笠原　アジア、アフリカや第三世界の映画の配給上映において、岩波ホールはとくに先駆的な役割を果たしていると思います。

川本　岩波ホールのすごいところは、一回ワイダに惚れ込むと、ワイダの映画をほとんどやるじゃないですか。見捨てませんでしたよね、最後まで。正直ワイダの作品だって玉石混交だったと思いますが、一貫して上映しました。その岩波ホールの執着には、当初ここを敬遠していた世代もすごいなと思わされましたね。それから、アジアの映画を非常に多く上映したことも大きかったです。第一回目がサタジット・レイだってこともあって。アジア映画が話題になってくるのは、80年代のことだったでしょうか。

佐藤　一人の監督に対して「あなたの全作品を上映します」ということを最初にやったのは川喜多かしこさんのサタジット・レイですね。ほとんどやりましたよ。アンジェイ・ワイダの場合は、彼は独特の政治的立場を持っていたわけです。こういう立場の人は、外国の賞をもらうととても有利なんですよ。というのは、カンヌあたりで賞をもらっていると、世界に不名誉をさらすことになるという理由で自国の政府を叩くことができるわけです。政府の方は、それを適当に弾圧しながら、しかしやっぱりスターリン主義（を強調して批判するの）はまずいということで、許したり許さなかったりでね。ときどき制作に規制がかかったり、それがいつの間にか解消されたり、外国に行って仕事をしていたり。そのなかで少なくとも日本の岩波ホールという、確実に全作品を上映すると約束してくれる映画館があったことは、ワイダにとっては非常に心強いわけですよ。ですからワイダの方も岩波ホールをとても気にかけていましたし、髙野さんも一生懸命ワイダの作品は全部かけようと努力したんじゃないかな。とにかく、これはとてもうまくいった例です。

小笠原　ワイダの昔のもの以外はほとんど公開

していますね。

佐藤　それともう一人、彼女がそう約束したはずの映画監督がアフリカのウスマン・センベーヌ。『チェド』や『母たちの村』の監督ですね。でもあまりうまくいかなかったのです。約束をして、それが有意義にうまくいったのはやはりアンジェイ・ワイダ、そしてサタジット・レイ。センベーヌは3作品だけだったかな。それでも、一人の監督に目をつけたら全作品やるというのは川喜多かしこさんから受け継いで髙野悦子さんが完成させたひとつの流れでしたね。ワイダはときどき政府から制作禁止という処分を受けていたから、外国からはワイダは大丈夫だろうかと心配されるわけです。そのなかで彼は京都賞を受賞して5000万円の賞金をもらいました。日本からはワイダはお金に困っているに違いないと思われていたと思うのですよ。ところが彼は「私は映画学校に入る前に美術学校の学生だった。ポーランドに、日本の浮世絵の膨大なコレクションを持っている人がいて、私も若い頃よく鑑賞した。それを展示する美術館を作るために賞金を全て寄付します」と言ったのです。そうなると5000万円では足りないから、髙野さんがいろいろなところからお金を集めて回ったみたいですよ。あれは、ワイダと髙野悦子さんの名勝負だと思ったなあ。そういう内情を見てとれるのは私くらいしかいませんからね。こういう物語は語り継がれるべきだと思いましたね。この話がやっと言えて、今日は非常に嬉しいです。

小笠原　一人の作家の作品を繰り返し上映したり配給したりというのは、まさに岩波ホールならでは。他にはないですよね。とにかくさまざまな国の、多様な作品を見せてくれる。

佐藤　アフリカ映画は、確かプロデューサーか監督が髙野さんの同級生なんですよね。それから、アジアの映画は私が売り込んだわけではないけれど、私が福岡に持ってきて監督を毎年のように呼び、その人たちを岩波ホールに連れて行ったのです。ここで上映されるようになれば大したものなんだ、というようなことを言ってね。タイやフィリピンの監督を連れて行ったこともあります。小さい映画館でも、こういう映画館で上映されれば日本では大変な名誉なんだよと。みんな岩波ホールのような映画館で上映をしたいからそういう映画を頑張って作ると言っていました。髙野さんはそういう人たちを個人的にも非常に歓迎していました。よくやってくれましたね。

女性の社会進出と映画

香川　本当に髙野さんってすごい人なんだなと思います。私は女性の立場から言うと、国際女性映画祭で女性監督をたくさん迎えたことや、その勢いに乗って各国でどんどん女性監督が生まれたということ。その運動は本当にすごいと思います。そうすると、監督という世界だけではなくて、世の中の男性ばかりで動いていた世界でも女性がどんどん活躍していく。髙野さんの本を読んでいるとその地盤を作られたという風に思えますし、世の中がそういう方向へ変わっていったような気がするんです。

川本　岩波ホールが映画を上映するようになったのが74年頃で、その頃からいわゆる「女性の時代」と言われるようになりました。女性誌もたくさん創刊されたんですね。女性の自立とか社会進出が広まっていった時期と、岩波ホールの歴史がちょうどうまく重なっていたという感じはありますね。

香川　髙野さんにはそういう力があったんじゃないかな。はじめは女性が監督しようとしても「なんだ、女か」と言って照明を消されたり、そういうことがテレビの世界でもあったようです。せんぼんよしこさんがそんなお話をしていらっしゃいました。（髙野さんの活躍があってから）徐々に、脚本家やスタッフなど女性の映画人が活躍されるようになってきたと思います。

川本　田中絹代さんはどうだったんですか?

香川　田中さんの場合は、もう巨匠の監督たちのスターでいらしたから。みんなに応援されていましたし、周りはあまりそういう嫌がらせのようなことはできなかったと思います。

佐藤　田中さんの場合は、小津安二郎や溝口健二といった人たちが自分のいちばん信用できる助監督に「お前、田中さんの助監督やれ」と言ってね。今村昌平のような人たちが小津安二郎の命令で田中絹代の助監督をやっているのですよ。だから、やっぱりちゃんと護衛がついていたのでしょうね(笑)。

川本　それだけ田中絹代さんが愛されていたということですね。

佐藤　別格というか、尊敬されていましたから。

植草　香川さんは女性国際映画祭ではどんなお立場だったんですか?

香川　そうですね、時々顔を出してお話をしたりとかそういうお手伝いでしたね。

佐藤　高野さん自身が親しくなった人のなかには、インドネシアの元女優でプロデューサーをやっている文化人の女性とか、それからフィリピンの女性監督とかもいました。そういう個人的な付き合いもしていましたね。

香川　そうですね、高野さんも個人的に一人一人と丁寧に付き合ってこられたという感じがします。忙しいのに、お一人お一人を大事にしていらしたことが素晴らしかったと思いますね。ただ仕事としてというだけではなくて個人的に向き合って、女優やプロデューサーを大事に育ててこられたというのはすごいこと。よくそこまでなさったと感心してしまいます。

小笠原　映画を作るのを断念されたぶんだけ、映画を上映して見せていくというエネルギーになったんでしょうね。彼女の人間性ですね。一人の監督の作品を続けてやるというのも、人ありきです。そういう意味で高野さんの人望は厚かったということですね。

香川　でも高野さんも一度は監督なさりたかったと思いますけどねえ。せっかく勉強されましたし、その思いはきっとおありになったのではないでしょうか。一度、高野さんの演出する映画をやってみたかったです。最近は女性の監督さんもずいぶん出てきましたよね。

植草　今、日本で若い女性監督はドキュメンタリーを含めてすごく増えてきました。これはすごくいいことだと思います。今までは中国映画ではすごく多かったのですが、日本映画でも増えてきました。これも高野さんの蒔いた種がだんだん育ってきたということではないでしょうか。

香川　本当にそうですね。高野さんがその手本を作られたわけですから、やっぱりすごい方だなと思います。

街と映画館

小笠原　岩波ホールというと神保町、神保町というと岩波ホールみたいなところもあると思いますが、そういう街や映画環境についての思い出はありますか。

川本　神保町界隈は、私が高校生の頃はけっこう良い映画館があったんですよ。岩波ホールの裏手に東洋キネマがありましたし、神田日活館、それからシネマパレス。あそこは戦前からある第一級の名画座でした。もともとそういう土壌はあったんですね。それが80年代までにバタバタとなくなって、東洋シネマは最後まで残ったけれど、ほとんど全滅状態になってしまったんですね。それで神保町は映画ファンは行かない街になってしまいました。そんなところに岩波ホールができた。おそらく最初は苦戦されたと思いますよ。ところが都営新宿線や半蔵門線など地下鉄が通るようになって、神保町と郊外住宅地が結びつくようになりました。それでまた客足が増えて、古本屋や大学に通う人たちが岩波ホールの映画を観るようになったんですね。おそらく岩波ホールのお客さんはかなりお金持ちの奥様方が多いと思うんですけど（笑）、それは田園都市線とつながったということも大きいと思います。現在は神保町シアターができて、あそこも10年経ってようやく軌道に乗ってきて、古い日本映画を上映する常設の映画館ということで定着しました。古本屋がたくさんあるのと同じで、映画館が一軒ぽつんとあるよりは、何軒もあった方が絶対によくなりますね。

岩波ホールを支えてきたもの

小笠原　岩波ホールが続いていることは、それをリードしてきた髙野悦子さんの人間性が大きいでしょう。もちろん髙野さんだけではなく、スタッフや周辺の人々の力添えが、岩波ホールの50年を支えてきたのだと思いますが。

佐藤　まあやっぱり、髙野さんのキャラクターが非常に大きいですよね。

川本　普通は映画館の支配人が表に出るということはあまり考えられないですもんね。

佐藤　映画館の支配人で有名人というのは髙野さんしかいないんじゃないかな。

川本　岩波ホールは彼女の個性でもっていたようなところがありますね。

小笠原　支配人というのは状況に応じて変わったりしますしね。岩波ホールは、厳密には映画館とは呼べないかも知れませんが、単なるホールでもない。ひとつの個性をもった文化の場となっているように思います。

香川　やっぱり、いい映画をみんなに観てもらいたいという髙野さんの願いがずっと続いてきたからじゃないかしら。岩波ホールで上映する映画はいい映画だろうという信頼感というのでしょうか。そういうものがあるような気がします。それと、さすがに女性のスタッフが多く、みなさん素敵です。彼女たちの活躍が岩波ホールを継続させているのかもしれません。

小笠原　岩波ホールはエキプ・ド・シネマ発足のときに4つの目標というのを作りました。一、日本で上映されることのない第三世界の名作の紹介。二、欧米の映画であっても、大手興行会社が取り上げない名作の上映。三、映画史上の名作であっても、何らかの理由で上映されなかったもの、またカットされ不完全なかたちで上映されたものの完全版の紹介。四、日本映画の名作を世に出す手伝い。この4つを掲げているんですよ。これがほとんど実行されているというのも類いまれなことです。

佐藤　日本映画でも、小栗康平監督はずいぶん、岩波ホールを大事にしていましたよ。実際、ある時期から、映画は作ることはできるけれども上映する場所がないという時代になりましたからね。

川本　『伽倻子のために』も『眠る男』も岩波ホールでしたよね。それから、岩波ホールが出版した「映画で見る日本文学史」は素晴らしい本です。日本の文学作品で映画化されたものを上映していったんですね、岩波ホールで。全部で50本くらいありましたか。この本で初めて知ったのですが、映画の上映の前に講演がありまして、最初に文学作品について講義をするんです。その次に映画を作った監督やプロデューサーの話がある。それで、最後に映画の上映があるのです。よくこの時代にやったなあと思いますね。これは資料としてもすごく貴重です。

髙野悦子さんと（2005年）

小笠原　同じようにというのは、今は難しいかもしれないが、むしろ今だから必要なのではないでしょうか。

川本　この頃は岩波文化の全盛時代だから、登場する先生方をみると、そうそうたる人たちが並んでいますよね。よくこんな人たちが出てきたなと思うくらい。素晴らしいです。

岩波ホールのこれから

小笠原　岩波ホールの50年というのは、ある意味では通過点で、これからもまた続いていきます。これからの岩波ホールに期待することはありますか。

佐藤　髙野悦子さんが亡くなったら、どういう風になるんだろうと、ちょっと私も心配していましたけれど。でも、ちゃんと同じ形を崩さないでやっていますから。

小笠原　全体のリズム感や流れのようなものは変わっていないと感じます。

川本　フランス映画社は残念でしたが、岩波ホールはすごく健闘していますよね。

小笠原　配給会社と映画館という違いもありますから、難しいこともありますが、やっぱり岩波ホールは変わらない。変えるのは簡単ですが、変えないというのは難しいことですね。

［2017年9月27日　岩波ホールにて］

佐藤忠男（さとう・ただお）／映画評論家・教育評論家・日本映画大学学長

1930年、新潟県生まれ。54年『思想の科学』に大衆映画論「任侠について」を投稿し、鶴見俊輔の絶賛を受ける。56年刊行の初の著書『日本の映画』でキネマ旬報賞を受賞。その後、『映画評論』『思想の科学』の編集にかかわりながら、評論活動を行う。96年に紫綬褒章を受章。その他に、勲四等旭日小綬章、芸術選奨文部大臣賞、韓国王冠文化勲章（韓国）、レジオンドヌール勲章シュヴァリエ、芸術文化勲章シュヴァリエ（フランス）等を受章。第7回川喜多賞を、妻の佐藤久子とともに受賞。その後、ポーランドとモンゴルからも勲章を受章。

川本三郎（かわもと・さぶろう）／評論家

1944年東京生まれ。東京大学法学部卒業。朝日新聞に入社。週刊朝日、朝日ジャーナルを経て、1972年フリーに。文学、映画、漫画、東京、旅などを中心とした評論やエッセイなど幅広い執筆活動で知られる。著書に『大正幻影』（サントリー学芸賞）、『荷風と東京』（読売文学賞）、『林芙美子の昭和』（毎日出版文化賞・桑原武夫学芸賞）、『白秋望遠』（伊藤整文学賞）、『マイ・バック・ページ』『いまも、君を想う』『成瀬巳喜男 映画の面影』『映画の戦後』『サスペンス映画ここにあり』『ひとり居の記』『東京抒情』『物語の向こうに時代が見える』『「男はつらいよ」を旅する』『老いの荷風』など多数。訳書にカポーティ『夜の樹』、レイ・ブラッドベリ『緑の影、白い鯨』などがある。自らの1960年代の体験を描いた『マイ・バック・ページ』が山下敦弘監督、妻夫木聡、松山ケンイチの主演で映画化された。

香川京子（かがわ・きょうこ）／女優

東京都出身。都立第十高女（現・豊島高校）卒業後、新東宝に入社。1950年、島耕二監督『窓から飛び出せ』で映画界にデビュー後、成瀬巳喜男監督『おかあさん』、今井正監督『ひめゆりの塔』、小津安二郎監督『東京物語』、溝口健二監督『近松物語』、熊井啓監督『深い河』など数多くの名作に出演。黒澤明監督の作品では『天国と地獄』、『赤ひげ』、『まあだだよ』などに出演。90年、熊井啓監督『式部物語』でキネマ旬報助演女優賞、日本映画批評家大賞、『まあだだよ』で田中絹代賞、日本アカデミー賞最優秀助演女優賞などを受賞した。舞台のほかテレビの経歴も長く、NHK朝のテレビ小説『水色の時』をはじめ多くの作品に出演。最近では映画『天使のいる図書館』などに出演。98年秋に紫綬褒章、2004年秋に旭日小綬章を受賞。著書に「ひめゆりたちの祈り」（92年、朝日新聞社刊）、「愛すればこそ」（08年、毎日新聞社刊）がある。11年、FIAF（映画フィルムを保存するため国際的な連盟）賞を受賞。上映の機会にその主旨を伝えたいと努めている。

岩波ホール50年の軌跡

～柿落としと催し物の記録～

開館当時の岩波ビル。右端に日本武道館が見える（1968年）

岩波ホール柿落としプログラム［1968年2月9日］

講演する野上彌生子さん

舞囃子を演じる近藤乾三さん

●講演：大内兵衛／野上彌生子 ●朗読：山本安英「夢十夜」第六夜運慶　夏目漱石　短歌　石川啄木

●舞囃子：近藤乾三他　鶴亀　岩船

映画

日本映画部門

講座・戦後日本映画史［1968〜1971］
講座・日本映画の思想［1971〜1972］

講座・映画で見る日本文学史［1970〜1972］
講座・映画で見る日本文学史・大衆文学編［1973〜1974］

A SEASON OF JAPANESE FILM［1971〜1976］
「狂った一頁」サウンド版完成特別試写会［1971］
公害研究・映画「水俣」を観て公害問題を考える会［1972］
特集・ノンフィクション映画［1972］
特別映画鑑賞会「岡田嘉子さんの夕べ」［1973］
「医学としての水俣病」三部作完成披露特別公開［1975］
完成披露プレミアショー「いまできること…」芦北学園の子供たち［1979］
「杉の子たちの50年」藤原智子監督［1995］
「ルイズ　その旅立ち」藤原智子監督［1998］
「尾崎翠を探して―第七官界彷徨」浜野佐知監督［1999］
「母のいる場所」槙坪夛鶴子監督［2005］
「山中常磐」羽田澄子監督［2005］
「花はどこへいった」坂田雅子監督［2008］
「ひろしま　石内都・遺されたものたち」［2013］
〈黒木和雄監督戦争レクイエム〉［2015］など

岩波映画を見る会

岩波映画を見る会［1969〜1971］
創立25周年記念上映会［1975］
岩波・PR映像フェアー［1977］

外国映画部門

講座シネ・ポエム［1968〜1969］
講座シネ・サロン芸術と美の世界［1969］
講座・ドイツ映画史研究［1969〜1970］
講座・イギリス映画史研究［1970〜1971］
講座・イタリア映画史研究［1971〜1972］
講座・ポーランド映画特集［1972］
講座・ベルイマン特集［1972］
講座・フランス映画史研究 戦前編［1972〜1974］
講座・ソビエト映画史研究［1974］

夏期映画講座［1972〜1974］

ロジャ・マンベル講演会［1970］
ノーマン・マクラレンを讃える［1971］
キューバ映画祭［1972］
レオナルド・ダ・ヴィンチ「マドリッド手稿」刊行記念映画会［1975］
自主上映20周年記念「戦艦ポチョムキン研究会」［1979］
アルゼンチン映画祭［1987］
講座・ソビエト映画史研究「無声映画の巨匠たち」［1987］
女たちの映画祭10周年記念上映会　「アウシュビッツの女囚」「招待」［1988］
「自由と人間」国際映画週間［1992］
日本ポルトガル友好450周年記念 ポルトガル映画祭［1993］
ポルトガル映画上映会［1995］

講演する大島渚監督

エキプ・ド・シネマ発足時の川喜多かしこさんと髙野悦子さん

講座・戦後日本映画史／故 成瀬巳喜男監督の話をする高峰秀子さんと岩崎昶さん（1969）

エキプ・ド・シネマ100本記念／ポスターの中の髙野悦子さん（1989）

映画

外国映画部門 （92ページより続き）

アニエス・ヴァルダ特集［2009］
岩波ホールセレクション「海の沈黙」「抵抗」［2010］
岩波ホールセレクション「ノン、あるいは支配の空しい抵抗」［2010］など

エキプ・ド・シネマ［1974～］

羽田澄子の映像個展 その記録映画25年個人史［1977～1983］

エキプ・ド・シネマ映像個展シリーズ［1978～1979］

世界名画シリーズ特別上映会［1979～1981］

その他

芸術家シリーズ・第１回上映「華麗なるバレエ」［1974］
「人生案内」完成版特別上映会［1975］
「炎の一族」プレミアショー［1978］
ジャン・ルノワール監督追悼上映［1979］
特別披露プレミアショー「緑色の部屋」［1979］
エキプ・ド・シネマ発足7周年記念「ニコライ・シェンゲラーヤ作品」［1981］
衣笠貞之助監督追悼上映会「十字路」［狂った一頁］［1982］
安心して老いるための勉強会［1994］など

演劇

演劇シリーズ

第１回公演「トロイアの女」［1974］
第２回公演「東海道四谷怪談」［1976］
第３回公演「バッコスの信女」［1978］
ギィ・グラヴィス劇団日本第１回公演「星の王子さま」［1987］
岩波ホール発 白石加代子「百物語」シリーズ［1992～2014］

音楽

バロック音楽サークル［1968～1972］
ドビュッシー没後50年記念連続演奏会［1968～1969］
フォーレ連続演奏会［1969］
ベートーヴェン・チクルス［1970］
ラヴェル連続演奏会［1971］
イタリア歌曲集［1972～1973］
近代イタリア歌曲の夕べ －レスピーギの作品－［1973］
プーランク全歌曲連続演奏会［1973］
英国古典音楽集［1974］

ジャズ講座［1969～1970］

現代音楽講座［1971］
トランソニック・レクチャー'75［1975］

ゲヴァントハウス弦楽四重奏の夕べ［1969］
ミカエル・フェッターによるリコーダーの夕べ［1970］
マダム・ハラシェヴィッチ ピアノリサイタル －ショパンの夕べ－［1971］
オプス・アンサンブル －日本ポルトガル協会創立20周年記念コンサート－［1987］

「トロイアの女」(1974)

「東海道四谷怪談」(1976)

白石加代子「百物語」シリーズ／天守物語　　写真提供：メジャーリーグ

白石加代子「百物語」シリーズ／怪談牡丹燈籠　　写真提供：メジャーリーグ

ドビュッシー没後50年記念連続演奏会　安川加寿子さん (1968)

ジャズ講座 (1970)

ゲヴァントハウス弦楽四重奏 (1969)

古典・民俗芸能

古典芸能

講座・伝統芸術と現代［1968］
地唄舞・神崎ひで女の会［1969］
伝統芸術講座・鶴屋南北研究［1969］
芝居噺・林家正蔵の会［1970～1971］
新内・岡本文弥の会［1971～1974］
講座・義太夫節［1972～1973］
琉球舞踊・志田房子の会［1972～1973］
講座・平曲［1973］
講座・狂言［1973～1974］
二人の会［1984～1985］

民俗芸能

津軽三味線［1973～1975］
越後瞽女唄［1973］

講座

夏期講座

日本文学研究［1970］
万葉集［1971］
日本史概説［1971］
古代史［1972］
源氏物語［1972］
平家物語［1973］
日本文化と中国文化［1973］

芸術講座

現代美術講座［1968～1969］
現代写真講座［1972～1973］

岩波市民講座［1968～1979］

ことばの勉強会·山本安英の会［1968～1994］

伝統芸術の会［1978～1999］

時代の〈いま〉を考える会［1996～1997］

津軽三味線 高橋竹山（1973）

越後瞽女唄（1973）

講座・義太夫節　吉田玉男（左）竹本南部大夫（右）（1972）

岩波ホール

エキプ・ド・シネマ 全上映作品目録 ［1974～2018］

1974 **大樹のうた**（59印）サタジット・レイ
「大地のうた」3部作（印）サタジット・レイ
ねむの木の詩（74日本）宮城まり子
王家の谷（69エジプト）シャディ・アブデルサラーム
少女ムシェット（67仏）ロベール・ブレッソン

1975 **魔術師**（58スウェーデン）イングマール・ベルイマン
夜の儀式（70スウェーデン）イングマール・ベルイマン
冬の光（62スウェーデン）イングマール・ベルイマン
狂った一頁（26日本）衣笠貞之助
十字路（28日本）衣笠貞之助

1976 **チャルラータ**（64印）サタジット・レイ
大都会（63印）サタジット・レイ
詩聖タゴール（61印）サタジット・レイ
炎のマリア（72ブルガリア）メトーディ・アンドーノフ
そして誰もいなくなった（45米）ルネ・クレール
オール・ザ・キングスメン（49米）ロバート・ロッセン
大いなる幻影（37仏）ジャン・ルノワール

1977 **フェリーニの道化師**（70伊）フェデリコ・フェリーニ
トロイアの女（71米）マイケル・カコヤニス
素晴しき放浪者（32仏）ジャン・ルノワール
ピクニック（36仏）ジャン・ルノワール
惑星ソラリス（72ソビエト）アンドレイ・タルコフスキー
密告の砦（66ハンガリー）ミクローシュ・ヤンチョー
ねむの木の詩がきこえる（77日本）宮城まり子
自由の幻想（74仏）ルイス・ブニュエル
糧なき土地（32スペイン）ルイス・ブニュエル

1978 **白夜**（71仏＋伊合作）ロベール・ブレッソン
遠い雷鳴（73印）サタジット・レイ
ミドルマン（75印）サタジット・レイ
ナイルのほとりの物語（70エジプト）フセイン・カマール
BLACK& WHITE IN COLOR（77コート・ジボワール＋仏合作）
ジャン・ジャック・アノー
雑草（77コート・ジボワール）アンリ・デュパルク
ピロスマニ（69グルジア＝ソビエト）ゲオルギー・シェンゲラーヤ
炎の一族（75ルーマニア）ダン・ピッツア

1979 **家族の肖像**（74伊＋仏合作）ルキノ・ヴィスコンティ
奇跡（55デンマーク）カール・テホ・ドライヤー
だれのものでもないチェレ（76ハンガリー）ラースロー・ラノーディ
木靴の樹（78伊）エルマンノ・オルミ
プロビデンス（77仏＋英合作）アラン・レネ
旅芸人の記録（75ギリシャ）テオ・アンゲロプロス
月山（78日本）村野鐵太郎

1980 **女の叫び**（78米＋ギリシャ合作）ジュールス・ダッシン
緑色の部屋（78仏）フランソワ・トリュフォー
青い年（63ポルトガル）パウロ・ローシャ
新しい人生（66ポルトガル）パウロ・ローシャ
メキシコ万歳（79ソビエト）セルゲイ・エイゼンシュテイン
鏡（75ソビエト）アンドレイ・タルコフスキー
虹をかける子どもたち（80日本）宮城まり子
大理石の男（76ポーランド）アンジェイ・ワイダ

1981 **ルードウィヒ**（72伊＋西独合作）ルキノ・ヴィスコンティ
ある結婚の風景（74スウェーデン）イングマール・ベルイマン
チェスをする人（77印）サタジット・レイ
株式会社（72印）サタジット・レイ
アメリカの伯父さん（80仏）アラン・レネ
約束の土地（75ポーランド）アンジェイ・ワイダ
秋のソナタ（78スウェーデン）イングマール・ベルイマン

1982 **山猫**（63伊＋仏合作）ルキノ・ヴィスコンティ
アレクサンダー大王（80ギリシャ＋伊＋西独合作）
テオ・アンゲロプロス
早池峰の賦（82日本）羽田澄子
鏡の中の女（75スウェーデン）イングマール・ベルイマン
無人の野（80ベトナム）グェン・ホン・セン
落葉（66グルジア＝ソビエト）オタール・イオセリアーニ
ゲームの規則（39仏）ジャン・ルノワール

1983 **熊座の淡き星影**（65伊）ルキノ・ヴィスコンティ
恋の浮島（82日本＋ポルトガル合作）パウロ・ローシャ
アギーレ・神の怒り（72西独）ウェルナー・ヘルツォーク
曽根崎心中（81日本）栗崎碧
モリエール（78仏＋伊合作）アリアーヌ・ムヌーシュキン
新しい家族（81ソビエト）イスクラ・バービッチ
インタビュアー（78グルジア＝ソビエト）ラナ・ゴゴベリーゼ

1984 **イフゲニア**（78ギリシャ）マイケル・カコヤニス
ダントン（82仏＋ポーランド合作）アンジェイ・ワイダ
エミタイ（71セネガル）ウスマン・センベーヌ
ドイツ・青ざめた母（80西独）ヘルマ・サンダース＝ブラームス
歌っているのはだれ?（80ユーゴスラヴィア）スロボダン・シヤン

1985 **伽倻子のために**（84日本）小栗康平
白樺の林（70ポーランド）アンジェイ・ワイダ
国東物語（84日本）村野鐵太郎
AKIKO—あるダンサーの肖像—（85日本）羽田澄子
ファニーとアレクサンデル（82スウェーデン＋仏＋西独）
イングマール・ベルイマン
遠い道／ピクー（81印）サタジット・レイ

1986 **マルチニックの少年**（83仏）ユーザン・パルシー
アルシノとコンドル（82ニカラグア）ミゲール・リッティン
パパは、出張中!（85ユーゴスラヴィア）エミール・クストリッツァ
痴呆性老人の世界（86日本）羽田澄子
ハローキッズ!（86日本）宮城まり子
ジャンヌ・モローの思春期（79仏）ジャンヌ・モロー
家と世界（84印）サタジット・レイ

1987 **群れ**（78トルコ）ユルマズ・ギュネイ

1996	**フィオナの海**（94米）ジョン・セイルズ
1997	**大地と自由**（95英+西+独合作）ケン・ローチ **聖週間**（95ポーランド+独+仏合作）アンジェイ・ワイダ **ヴィルコの娘たち**（79ポーランド+仏合作）アンジェイ・ワイダ **アントニア**（95オランダ+ベルギー+英合作）マルレーン・ゴリス **ある老女の物語**（91オーストラリア）ポール・コックス
1998	**阿片戦争**（97中国）謝晋 **パーフェクト サークル**（97ボスニア・ヘルツェゴヴィナ+仏合作） アデミル・ケノヴィッチ **ダロウェイ夫人**（97英+オランダ合作）マルレーン・ゴリス
1999	**宋家の三姉妹**（97香港+日本合作）メイベル・チャン **枕の上の葉**（98インドネシア）ガリン・ヌグロホ **パッション・フィッシュ**（92米）ジョン・セイルズ
2000	**玻璃の城**（98香港）メイベル・チャン **伝説の舞姫 崔承喜―金梅子が追う民族の心**（00日本） 藤原智子 **老 親 ろうしん**（00日本）槇坪多鶴子
2001	**パン・タデウシュ物語**（99ポーランド+仏合作）アンジェイ・ワイダ **山の郵便配達**（99中国）霍建起（フォ・ジェンチイ） **今日から始まる**（99仏）ベルトラン・タヴェルニエ
2002	**ホセ・リサール**（98フィリピン）マリルー・ディアス=アバヤ **落穂拾い**（00仏）アニエス・ヴァルダ **元始，女性は太陽であった―平塚らいてうの生涯**（01日本） 羽田澄子 **この素晴らしき世界**（00チェコ）ヤン・フジェベイク **明日，陽はふたたび**（00伊）フランチェスカ・アルキブジ
2003	**草ぶきの学校**（99中国）徐耿（シュイ・コン） **おばあちゃんの家**（02韓国）イ・ジョンヒャン **氷海の伝説**（01カナダ）ザカリアス・クヌク **夕映えの道**（01仏）ルネ・フェレ
2004	**美しい夏キリシマ**（03日本）黒木和雄 **わが故郷の歌**（02イラン）バフマン・ゴバディ **上海家族**（02中国）ポン・シャオレン **父と暮せば**（04日本）黒木和雄
2005	**酔画仙**（02韓国）イム・グォンテク **ベアテの贈りもの**（04日本）藤原智子 **輝ける青春**（03伊）マルコ・トゥリオ・ジョルダーナ **亀も空を飛ぶ**（04イラク+イラン）バフマン・ゴバディ
2006	**二人日和**（05日本）野村惠一 **死者の書**（05日本）川本喜八郎 **家の鍵**（04伊）ジャンニ・アメリオ **母たちの村**（04セネガル+仏合作）ウスマン・センベーヌ **紙屋悦子の青春**（06日本）黒木和雄
2007	**赤い鯨と白い蛇**（05日本）せんぼんよしこ **約束の旅路**（05仏）ラデュ・ミヘイレアニュ **終りよければすべてよし**（06日本）羽田澄子

1987	**敵**（79トルコ）ユルマズ・ギュネイ **オフィシャル・ストーリー**（85アルゼンチン）ルイス・プエンソ **エミリーの未来**（84西独+仏合作）ヘルマ・サンダース=ブラームス **ベルイマンの世界**（86スウェーデン）イングマール・ベルイマン **ローザ・ルクセンブルク**（85西独） マルガレーテ・フォン・トロッタ
1988	**愛の記録**（86ポーランド）アンジェイ・ワイダ **芙蓉鎮**（87中国）謝晋 **TOMORROW／明日**（88日本）黒木和雄
1989	**八月の鯨**（87米）リンゼイ・アンダーソン **悪霊**（87仏）アンジェイ・ワイダ **チェド**（76セネガル）ウスマン・センベーヌ
1990	**三人姉妹**（88伊+仏+西独合作）マルガレーテ・フォン・トロッタ **サラーム・ボンベイ!**（88印+英+仏+米合作）ミーラー・ナーイル **チュッ・ニャ・ディン**（88インドネシア）エロス・ジャロット
1991	**安心して老いるために**（90日本）羽田澄子 **ローマの奇跡**（88コロンビア+スペイン合作）L・ドゥケ・ナランホ **公園からの手紙**（88キューバ+スペイン合作） トマス・グティエレス・アレア **希望の樹**（77グルジア=ソビエト）テンギズ・アブラゼ **ジプシーのとき**（89ユーゴスラヴィア）エミール・クストリッツァ **達磨はなぜ東へ行ったのか**（89韓国）ペ・ヨンギュン **コルチャック先生**（90ポーランド+西独+仏合作） アンジェイ・ワイダ
1992	**ミシシッピー・マサラ**（91米）ミーラー・ナーイル **カミーラ**（84アルゼンチン+スペイン合作） マリア・ルイサ・ベンベルグ **歌舞伎役者 片岡仁左衛門〈全5巻〉**（92日本）羽田澄子 **ジャック・ドゥミの少年期**（91仏）アニエス・ヴァルダ **人生は琴の弦のように**（91中国+日本+独+仏+英合作）陳凱歌
1993	**見知らぬ人**（91印）サタジット・レイ **婚礼**（73ポーランド）アンジェイ・ワイダ **乳泉村の子**（91中国+香港合作）謝晋 **森の中の淑女たち**（90カナダ）シンシア・スコット
1994	**女と男の危機**（92仏）コリーヌ・セロー **林檎の木**（92独）ヘルマ・サンダース=ブラームス **苺とチョコレート**（93キューバ+メキシコ+スペイン合作） トマス・グティエレス・アレア **鷲の指輪**（92ポーランド+英+仏+独合作）アンジェイ・ワイダ
1995	**若き作曲家の旅**（85グルジア）ゲオルギー・シェンゲラーヤ **青い山**（84グルジア）エリダル・シェンゲラーヤ **田園詩**（75グルジア）オタール・イオセリアーニ **私は20歳**（62ソビエト）マルレン・フツィエフ **青空がぼくの家**（89インドネシア） スラメット・ラハルジョ・ジャロット **ムアンとリット**（94タイ）チャート・ソンスィー
1996	**かぼちゃ大王**（93伊+仏合作）フランチェスカ・アルキブジ **眠る男**（96日本）小栗康平

2014
ローマの教室で ～我らの佳き日々～（12伊）
ジュゼッペ・ピッチョーニ
ミンヨン 倍音の法則（14日本）佐々木昭一郎

2015
幸せのありか（13ポーランド）マチェイ・ピェプシツア
愛して飲んで歌って（14仏）アラン・レネ
パプーシャの黒い瞳（13ポーランド）
ヨアンナ・コス=クラウゼ&クシシュトフ・クラウゼ
ゆずり葉の頃（14日本）中みね子
沖縄 うりずんの雨（15日本）ジャン・ユンカーマン
夏をゆく人々（14伊+スイス+独合作）アリーチェ・ロルヴァケル
光のノスタルジア（10仏+独+チリ合作）パトリシオ・グスマン
真珠のボタン（15仏+チリ+スペイン合作）パトリシオ・グスマン
放浪の画家 ピロスマニ（69ジョージア）ギオルギ・シェンゲラヤ

2016
ヴィオレット—ある作家の肖像—（13仏）マルタン・プロヴォ
火の山のマリア（15グアテマラ+仏合作）ハイロ・ブスタマンテ
木靴の樹（78伊）エルマンノ・オルミ
緑はよみがえる（14伊）エルマンノ・オルミ
鏡は嘘をつかない（11インドネシア）カミラ・アンディニ
シアター・プノンペン（14カンボジア）ソト・クォーリーカー
めぐりあう日（15仏）ウニー・ルコント
みかんの丘（13エストニア+ジョージア合作）ザザ・ウルシャゼ
とうもろこしの島（14ジョージア+独+仏+チェコ+カザフスタン+
ハンガリー合作）ギオルギ・オヴァシュヴィリ
湾生回家（15台湾）ホァン・ミンチェン

2017
皆さま，ごきげんよう（15仏+ジョージア合作）
オタール・イオセリアーニ
家族の肖像（74伊=仏合作）ルキーノ・ヴィスコンティ
娘よ（14パキスタン+米+ノルウェー合作）アフィア・ナサニエル
草原の河（15中国）ソンタルジャ
残像（16ポーランド）アンジェイ・ワイダ
静かなる情熱 エミリ・ディキンスン（16英+ベルギー合作）
テレンス・デイヴィス
笑う故郷（16アルゼンチン+スペイン合作）
ガストン・ドゥプラット、マリアノ・コーン
はじまりの街（16伊+仏合作）イヴァーノ・デ・マッテオ
女の一生（16仏）ステファヌ・ブリゼ

2018（予定）
花咲くころ（13ジョージア+独+仏合作）
ナナ・エクフティミシュヴィリ、ジモン・グロス
馬を放つ（17キルギス+仏+独+オランダ+日本合作）
アクタン・アリム・クバト
マルクス・エンゲルス（仮題）（17仏+独+ベルギー合作）
ラウル・ペック
A GERMAN LIFE（原題）（17オーストリア）Christian Krönes,
Olaf S. Müller, Roland Schrotthofer,
Florian Weigensamer
祈り（67ジョージア）テンギズ・アブラゼ
希望の樹（77ジョージア）テンギズ・アブラゼ
懺悔（84ジョージア）テンギズ・アブラゼ
モアナ［サウンド版］（1926、1980米）ロバート・フラハティ
極北のナヌーク（1922米）ロバート・フラハティ
Hotel Salvation（英題）（16印）シュバシシュ・ブティアニ
〈現代ジョージア映画特集上映〉
The Chair（英題）（17ジョージア）エルダル・シェンゲラヤ

2007
ヒロシマナガサキ（07米）スティーヴン・オカザキ
白い馬の季節（05中国）ニンツァイ

2008
サラエボの花（06ボスニア・ヘルツェゴヴィナ+
オーストリア+ドイツ+クロアチア）ヤスミラ・ジュバニッチ
胡同の理髪師（06中国）哈斯朝魯（ハスチョロー）
ランジェ公爵夫人（06仏+伊合作）ジャック・リヴェット
火垂るの墓（08日本）日向寺太郎

2009
懺悔（84グルジア=ソビエト）テンギズ・アブラゼ
シリアの花嫁（04イスラエル+仏+独合作）エラン・リクリス
子供の情景（07イラン+仏合作）ハナ・マフマルバフ
嗚呼 満蒙開拓団（08日本）羽田澄子
ポー川のひかり（06伊）エルマンノ・オルミ
アニエスの浜辺（08仏）アニエス・ヴァルダ

2010
カティンの森（07ポーランド）アンジェイ・ワイダ
コロンブス 永遠の海（07ポルトガル+仏合作）
マノエル・ド・オリヴェイラ
パリ20区，僕たちのクラス（08仏）ローラン・カンテ
セラフィーヌの庭（08仏+ベルギー+独合作）
マルタン・プロヴォスト
冬の小鳥（09韓国+仏合作）ウニー・ルコント

2011
クレアモントホテル（05米+英合作）ダン・アイアランド
サラエボ，希望の街角（10ボスニア・ヘルツェゴヴィナ+
オーストリア+ドイツ+クロアチア）ヤスミラ・ジュバニッチ
木洩れ日の家で（07ポーランド）ドロタ・ケンジェジャフスカ
遙かなるふるさと 旅順・大連（11日本）羽田澄子
おじいさんと草原の小学校（10英）ジャスティン・チャドウィック
やがて来たる者へ（09伊）ジョルジョ・ディリッティ

2012
風にそよぐ草（09仏+伊合作）アラン・レネ
汽車はふたたび故郷へ（10仏+グルジア合作）
オタール・イオセリアーニ
オレンジと太陽（10英+オーストラリア合作）ジム・ローチ
キリマンジャロの雪（11仏）ロベール・ゲディギャン
ジョルダーニ家の人々（10伊+仏合作）
ジャンルカ・マリア・タヴァレッリ
イラン式料理本（10イラン）モハマド・シルワーニ
菖蒲（09ポーランド）アンジェイ・ワイダ

2013
最初の人間（11仏+伊+アルジェリア合作）ジャンニ・アメリオ
八月の鯨（87米）リンゼイ・アンダーソン
海と大陸（11伊+仏合作）エマヌエーレ・クリアレーゼ
そしてAKIKOは… ～あるダンサーの肖像～（12日本）羽田澄子
楽園からの旅人（11伊）エルマンノ・オルミ
ハンナ・アーレント（12独+ルクセンブルク+仏合作）
マルガレーテ・フォン・トロッタ

2014
少女は自転車にのって（12サウジアラビア+独合作）
ハイファ・アル=マンスール
家族の灯り（12ポルトガル+仏合作）マノエル・ド・オリヴェイラ
ワレサ 連帯の男（13ポーランド）アンジェイ・ワイダ
みつばちの大地（12独+オーストリア+スイス）マークス・イムホーフ
大いなる沈黙へ—グランドシャルトルーズ修道院
（05仏+スイス+独合作）フィリップ・グレーニング

（映画文化の豊かな未来とは）

コミュニティシネマと映画環境のヴィジョン

対談＝松本正道＋岩崎ゆう子　司会＝土田環

コミュニティシネマの活動の根底にあるのは、映画の存在と興隆を支える〈映画環境〉である。ひとつひとつの事柄を、時間を遡り、また、現場から露出されるいくつもの課題や問題を掬い上げ、掘り下げてみる。そこから一寸先の闇に埋もれたものの何かが見えてくるのではないだろうか。コミュニティシネマの存在とその活動が、映画にとって、きわめて大事なことであることをあらためて考察していきたいと思う。出発点にたずさわったアテネ・フランセ文化センターの松本正道さんと、活動に労力を注いでおられる事務局の岩崎ゆう子さんに語っていただいた。映画上映の研究もされている早稲田大学の土田環さんに司会をお願いして、データや資料には表れないエモーショナルな面での、コミュニティシネマの実像を見つめようと思う。

取材＝小笠原正勝　文＝沼田梓　撮影＝助川祐樹

コミュニティシネマ出発からの流れ

土田　「映画上映活動年鑑２０１６」に「コミュニティシネマの20年」の記録を載せたじゃないですか。松本さんと僕は１９９６年から、岩崎さんとは２００４年の高知での「映画上映ネットワーク会議」が、コミュニティシネマで仕事をした最初ですよね。ごく普通の質問からですが、第１回映画上映ネットワーク会議が96年ですが、そもそもこれを始めたきっかけは？エース・ジャパン主催ですけど、わざわざみんなで集まろうと呼びかけた人は誰なのですか？

松本　その１年前に茂木正男さんが高崎市で全国映画祭会議というのをやっていて、その影響もあったかと思うんですけど、日本各地でいろいろな形で映画上映や映画祭をやっている人たちがたくさん出てきて、そういう人たちが一堂に会して語り合おうといって、始まった会議です。

土田　会議やるなら事務局もいるし、それは誰が？

松本　それは岩崎さんが所属していた財団法人国際文化交流推進協会（エース・ジャパン）が、文化交流活動の一環として映画を取り上げていくという方針をとられていて、そこに僕たちが乗っかったというか、賛同したわけです。

岩崎　94年に国際交流基金がエース・ジャパンを設立して、私は映画事業の担当として、ここに入りました。国際交流基金はそれ以前の80年代から「南アジア映画祭」や「ラテンアメリカ映画祭」など、商業公開されていない国や地域の映画を集めて国際映画祭をやっていて、「アフリカ映画祭」以降は、東京以外の地域にも巡回していたんですが、その、映画祭の巡回事業をエース・ジャパンが引き継ぐことになりました。93年には「レンフィルム祭」が国際交流基金、川崎市市民ミュージアム、朝日新聞社の主催で開催されて大変な注目を集めますが、これも全国に巡回されて、こういう活動が盛り上がりつつある時期だったんですね。それで、上映者のネットワークを作って協働することで、国際交流基金の映画だけじゃなく、いろいろな特集、レトロスペクティブを実現できるんじゃないかと考えて、最初はそのためのネットワークをつくろうということから始まったのです。

松本　自分たちのやりたい企画を実現するためには、ネットワークの力を借りないとできない。最近ではクリス・マルケルの『レベル５』の話もありました。13年の山形国際ドキュメンタリー映画祭では同時通訳で上映したのですが、つい最近、名古屋にある愛知芸術文化センターの越後谷卓司さんが日本語字幕をつけて上映したいとおっしゃって、東京と名古屋と京都と神戸の団体が、みんなでお金や労力を出し合って字幕をつけて、４都市で上映することになりました。つまりネットワークを作ることによって何かが実現していく。

土田　どちらかといえば海外の映画などを持ってきて特集上映をする時に、単独では厳しいので、ネットワークを作って巡回上映をしていくために集まったということが最初だったと。

岩崎　でも、それだけならこじんまりやればよいのですが、もっと幅広く集まってもらって、幅広いことについて話し合うこともできるかもしれない、ということで全国コミュニティシネマ会議の前身である「映画上映ネットワーク会議」が始まりました。

松本　色々な形でビジネスとは違った上映活動をやっている団体が日本の各地にあって、当初は映画マニアが集まって上映活動をしている雰囲気があったんだけど、これは社会的に必要な文化活動なんじゃないかと、そのことを積極的に訴える必要があるんじゃないかということで、コミュニティシネマにつながる活動が始まったんですね。

映画が上映される「場」と地域の関係

土田　毎年の全国会議のテーマを見てみたんですけど、生意気なことを申し上げれば変わってないといえば変わっていないと改めて思いました（笑）。当初と比べてシフトしたことを挙げると、最初は地域や公共性とか、松本さんがおっしゃっていた「商業ベースではない映画」「非劇場」という言葉が会議で出ていました。また05年くらいからは「街づくり」と「都市」という言葉がすごく多い。微妙にその言葉づかいがスライドしていったと感じて、どうしてだろうと思ったんです。最初は映画館を念頭にしていたのが、だんだん上映形態の多様化にともなって、いろんな人たちが構成メンバーになっていったのでしょうか。

岩崎　最初からミニシアターもあれば、映画祭もあれば、自主上映もあるということで、どれかひとつということはなかったと思います。いろんな上映のあり方があるという、今もそれは変わってない（笑）。

土田　今のほうが深刻かつ複雑になっているかもしれませんが、映画館の地域格差が立ち上げの大きな要因だと思っていました。けれども地域格差の話はポジティブな議論になりにくい。それよりは映画と一緒に街をつくる、つまりコミュニティシネマという名前を付して、映画を通して都市をデザインをするというという方向へシフトしていったのかなと思ったんです。

岩崎ゆう子（いわさき・ゆうこ）

コミュニティシネマセンター事務局長
1994年より財団法人国際文化交流推進協会（エース・ジャパン）で映画事業を担当。96年より映画上映関係者が一堂に会する場として「映画上映ネットワーク会議」（現全国コミュニティシネマ会議）を開催。2009年一般社団法人コミュニティシネマセンター設立、事務局長に就任。「フレデリック・ワイズマンのすべて」「MoMA ニューヨーク近代美術館映画コレクション」「マノエル・ド・オリヴェイラ追悼特集」「生誕100年成瀬巳喜男レトロスペクティヴ」等の上映企画、「映画上映の振興に関する法と制度」「諸外国及びわが国における『映画教育』」「映画上映活動年鑑」等の調査事業を手掛ける。

岩崎　より明確にコミュニティデザインとかまちづくりの中のコミュニティシネマ、映画上映ということを意識するようになったのは11年の3・11以降ですね。それ以前もまちづくりをテーマにしてはいましたが、よりリアルな問題として映画が上映される場と地域の関係を意識したのは3・11以降だと思います。

松本　「シネマエール東北—東北に映画を届けよう！プロジェクト」をやったことで随分変わってきた部分もありますよね。地域に貢献するとか、いろんな人達に映画を楽しんでもらって元気になってもらう。コミュニティシネマ憲章で言及されている地域に対する貢献というのは、シネマエール東北が代表的な試みだったと思います。

岩崎　それと相前後して、映画館がすごく減ったということも関係があると思います。シネマコンプレックスが増えて、スクリーン数が増えても映画館は減るという。

シネマのためのコミュニティ？ コミュニティのためのシネマ？

土田　去年、松本さんとシンポジウムに出た時に、最初はエース・ジャパンの事業として始まって、上映ネットワーク会議、そしてコミュニティシネマ会議となるタイミングでコミュニティシネマ憲章が生まれたことを確認しました。コミュニティのためのシネマなんですか？　それともシネマのためのコミュニティなんですか？　という話を松本さんとしたじゃないですか。僕も映画好きであることに変わりはないけれども、お二人とおつきあいをしていて思うのは、どちらかというとシネマのためのシネマ、というか、超原理的じゃん（笑）、という気がしているのです。僕や、せんだいメディアテークの小川直人さんの方がどちらかというとまちづくりとか言いそうな気がするんですけど。

松本　「映画上映活動年間２０１６」に書いてあることを読むと、土田さんや小川さんたちの世代の方がそうかもしれない。

土田　自分たちが映画だけでは自立できるとは思ってない世代だと思うんです。でも、最初はどうだったんですか？　やっぱり映画のためのコミュニティということが先にあった？

松本　コミュニティシネマって名称を決める時は結構議論しましたよね、確か。他にあまりアイデアは出てこなかった。私が少し抵抗していたぐらいで。名称はドイツのコミュナールキノから取りました。コミュナールキノは地域に結びついた上映活動をやっています。主宰者たちは公的な支援を受けながら活動を継続してるわけです。私は最初この名称には戸惑っていた。シネクラブ人間なので。映画はどこかでアナーキーじゃなきゃいけないと思っているじゃないですか。そうすると映画のコミュニティには配慮しているけど、地域のコミュニティに配慮できるだろうか、という不安感がありました。多分、コミュニティシネマというコンセプトによって私も含めてシネクラブ派の人たちは思春期を乗り越えたんじゃないかと（笑）。映画青年のままずっと過ごしてきた人たちが、そろそろ大人にならなきゃいけないって考えた時に出てきたコンセプトがコミュニティシネマ。説明になっていないかな。

岩崎　この言葉が出てきたときに、コミュニティという言葉は「地域」という意味だけではない、ということはすごく考えましたよね。いろいろな意味があると。

土田　コミュニティが何のコミュニティなのかということが、わからなくていいと思う反面、わからないが故に、私も含めて映画原理的な人たちが運営をしていると、逆に若い人や新規参入の人を阻むんじゃないか。なんとなくとっつきにくいような印象が。（17年に会議を開催した）横浜でも思ったんですけど、新しく来る方がたくさんいらっしゃって、カフェ型のシネマや小さな映画祭やイベントをやっている人もたくさんいるわけですけど、なかなか発言しにくい、入りにくいのではないかと。入らなくてもいいという答えもあるかと思いますが、組織として開かれているべきだと思います。

テーマとしての多様性と複雑な映画環境

土田　もう一度戻りますが、会議のテーマは毎回どう決めていますか？

岩崎　どんなことをやったら、みんな面白いと思ってくれるかなと、自分自身も面白いと思えるかなと両方考えて、相談しながら決めています。

土田　震災以後変わられたという話ですが、この会議自体で変わったことはありますか？

岩崎　「プレゼンテーション・マラソン」を始めたのは高崎からです。1団体5分厳守で、とにかくたくさんの人に出てもらおうと、いろんな人が自分の活動を話せる場、時間をつくりたいと思って始めました。

土田　それだけいろんな人が出てきたということですか？

岩崎　それ以前からあったのかもしれないけど。

松本　あまりにも、理念を優先した議論をしすぎて、それが煮詰まってきているから、会議自体が一時期停滞していたと思うんですけど。その停滞から抜け出て、世代交代が起こったとき、それまでの議論と位相の違うところに行ったと思います。それからメディアの環境のドラスティックな変化ですね。例えば多様性の問題も、インターネットの時代で多様性が確保できると思われがちだけれど、そうでもない複雑な状況になっているじゃないですか。

岩崎　1000本もの映画が公開されているから多様だと言えるのかなと。

土田　それをどう説明するのかと。例えば高崎で松本さんが最後に、「コミュニティシネマとい

松本正道（まつもと・まさみち）

アテネ・フランセ文化センター ディレクター
1950年生まれ。79年より東京にあるシネマテーク、アテネ・フランセ文化センターの主任（プログラムディレクター）として毎年200本以上の世界の映画を上映。それまで日本ではあまり知られていなかったダニエル・シュミットやストローブ＝ユイレらの作品のほか、古典映画の名作を広く紹介してきた。淀川長治映画塾（91～98）など映画イベントも多数企画。97年には堀越謙三（ユーロスペース代表）とともに映画美学校を設立、2000年より共同代表理事を務める。現在はコミュニティシネマセンター理事や川喜多記念映画文化財団評議員などを兼任。編著に「芸術経営学講座（4）映像編」（東海大学出版会刊）がある。

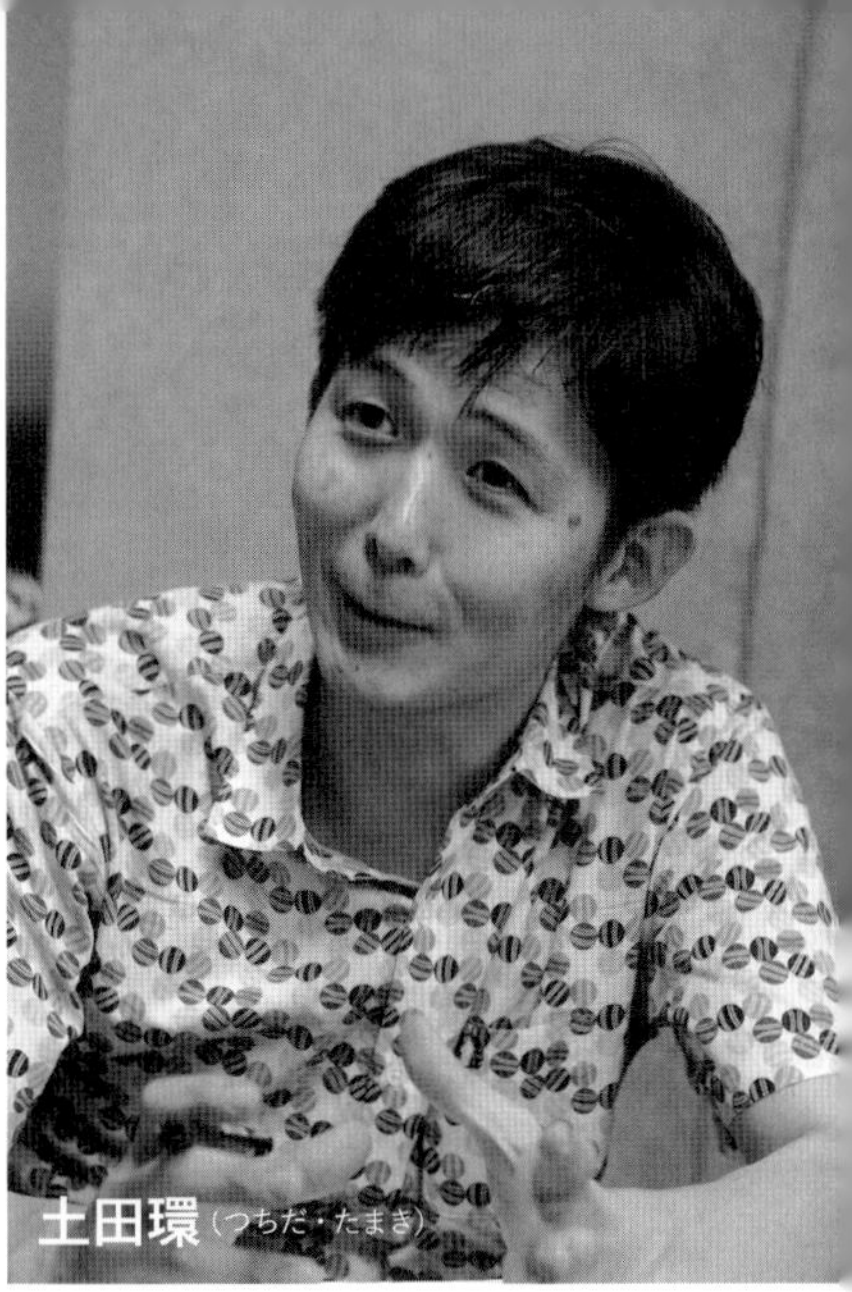

土田環（つちだ・たまき）

映画研究者・映画祭プログラム・コーディネーター
1976年、東京都生まれ。早稲田大学理工学術院講師（専任）。早稲田大学、東京大学大学院を経て、ローザンヌ大学、パリ第8大学、ローマ第3大学へ留学。学生時代より内外の映画祭プログラム、フランスやイタリアなど海外の撮影業務に携わる。山形国際ドキュメンタリー映画祭では特集上映「共振する身体フレディ・M・ムーラー特集」など特集プログラムを担当するほか、「Sputnik YIDFF Reader」の編集長、全体統括を務める。編著書に「ペドロ・コスタ　世界へのまなざし」、「嘘の色、本当の色──脚本家荒井晴彦の仕事」「こども映画教室のすすめ」など。日本映画大学を経て2016年4月より現職。

う組織があるとすれば、私が考えるのは特にアテネの活動がそうなんですけど、個別化し分断化され拡散するようなこととは一切真逆のことです、それは拒否します」と。いろんな参加者が来ていて、多様化したと思うんだけれど、それは松本さんのイメージからすると、また困った問題も同時に引き受けているのかなと。そこで何を目指せばいいのか。どう説明したらいいのか。つまりそれが伝わらないと、新しく入ってくる若い人たちは、映画がすごく好きで、映画の価値基準というものを、昔からの伝統的なシネフィルの映画の観方で観ている人たちが共有しているものに入れない。僕も正直そっちだと思われている。ふざけんな、お前らが上映している映画は面白いと思ってないから、オレは認められないんだというところで、本気で議論すればいいと思うんだけど、ただ組織としてはそうもいかないんじゃないかな。どうでしょうか。

松本　それは事務局長の岩崎さんが答えるべきことだと思うんですけど（笑）、いろんな人達からの要求を取り入れて組織自体が変わっていくこと。耳を傾けることだと思います。組織としてはそうだけど、自分としてじゃあ映画にどう関わるかっていうと、映画はスクリーンに投影することによって実現するものだと頑なに信じ続けることかなと。少なくとも50年代までの映画作家は自分たちの作品がTVやパソコンのような小さな画面で観られることは想定していない。つまり、映画の作り手たちの意図を尊重すると、暗い空間で少なくとも等身大以上のスクリーンで観た時に初めて理解されるような密度を持っているものが映画表現だと思うわけです。映画というものがマルチユースになっていって、作られた映画が劇場公開され、TV放映され、ビデオグラム化され、さらにネット上で配信されるようになると、どうしてもどの環境でも観られるものを作るようになると思うんです。その時に映画の密度は下がっていくと思う。

土田　だとすると、コミュニティシネマがあり、なおかつ毎年会議があるところにみんなが集まっているところの意義を少し建設的に考えると、いろいろな人がいるから、逆に新しく来る人や上映者にとって、知識や情報を共有する場を構築することでしょうか。先程松本さんがおっしゃっていたように理念闘争のためにやると、難しいと思う。

岩崎　ちなみに会議の構成を話しておきますと、初期の段階からコミュニティシネマ会議は2日間で、1日目は基調講演と大きなパネルディスカッション、2日目は、今年や去年はやっていませんが、分科会という形で、ミニシアターの人、シネマテークの人、映画祭の人、自主上映の人、それぞれが集まることができる場をつくって、これから上映を始めたい人、上映初心者のための分科会も設けるようにしていました。映画祭にとって何が問題か、ミニシアターにとって何が問題かという、小規模なセッションで意見交換ができるような構成にしていました。

シネマシンジケートと シネマテークプロジェクト

土田　コミュニティシネマが行ってきた事業はたくさんあると思います。ただ単に全国連絡協議会をやっているわけじゃないですよね。その中でシネマエール東北もあったし、若い上映者を養成する講座もあったし、上映活動年鑑もあります。これまでやってきた中で、08年のシネマテークプロジェクトとシネマシンジケートというプロジェクトがあって、10年間近く継続していますが、これがコミュニティシネマの大きな活動だったような印象が僕にはあります。ただシネマテークプロジェクトは、公共的な施設を中心に協力しあって巡回していくという点では先程二人がおっしゃったように、時がたってせんだメディアテークや金沢21世紀美術館などの公共施設で映画上映できるところが増えていったことに連動しているとは思うんです。それはその認識でいいですか？　シネマテークプロジェクトは継続ですよね？

岩崎　そうですね。08年に「シネマシンジケートプロジェクト」がミニシアターのネットワーク事業としてできたので、公共的な映画専門施設を「シネマテーク」とよぶことにして、シネマテークプロジェクトを作りました。これは、実質的にはそれ以前の事業の継続というところが大きいですね。

松本　シネマシンジケートは、前の代表理事の堀越謙三さんが中心になって進められた、地方の「街なか映画館」のネットワークですね。堀越さんはかなりはっきりしたビジョンをお持ちで、「このままだと製作費が一億円規模、つまり中規模の予算の映画、例えば作家性の強いアートフィルムなどが作れなくなる。それを作り続けられる環境を保持するには各地のインディペンデント系の映画館が、連携して新しい配給網を作る必要がある」という考え方ですね。現在の代表理事の田井肇さんも同じような構想をお持ちだと思います。

土田　製作段階から配給されて上映される場所をネットワーク化しておくという考え方でいいですか？　むしろプロデュースという観点からこれは出てきた話ではないかな、という気が。

岩崎　例えば50～100館ぐらいの規模のミニシアターを中心とした配給網（ネットワーク）があれば、それに相応しい作品が製作されるであろうという想定はあったと思います。

土田　わかりました。それと差別化する形でシネマテークプロジェクト、日仏交流の「フランス映画の秘宝」や「山中貞雄」「オリヴェイラ」などいろいろあったと思うんですが。

岩崎　差別化というよりも、コミュニティシネマはミニシアターだけじゃない、ミニシアター系のシンジケートプロジェクトがあるなら、そうじゃないシネマテーク的な活動をする人たちのプロジェクトもあるということを明確にしておきたかった。映画祭のプロジェクトもあるし、コミュニティシネマは、ミニシアターだけじゃない多様なものなのだよと伝えないと、新しい人が参加しづらいんじゃないかということを考えたのです。

上映することの意義と可能性

松本　土田さんの問題提起を少しアレンジすると、こういう映画をやりたいからネットワークが必要なんだと考える世代があって、土田さんより若い世代の人たちは、もしかするとどんな映画よりも映画を上映すること自体が楽しいという感覚を持っていて、映画友だちの輪のようなネットワークを作りつつあるのかもしれませんね。

土田　それは感じます。僕は観たいからワイズマンを岩崎さんから借り、観られないから、松本さんにダニエル・シュミットのプロデューサーにＦＡＸしてもらい『季節のはざまで』などを大学で上映していた。それがいつしか規模が大きくなると、手伝ってくれる人はいっぱいいたんだけど、じゃあ何観たいの？　というより、イベントをやりたい人がたくさんになって、自分としては違和感を感じていました。もちろん今の人達も観たいものがあっていろんな所でやっているとは思うし、こういう言い方は高邁な理想をふりかざしているようで嫌ですが。

岩崎　都市と地方はまた違うと思いますけどね。

土田　それはあると思います。でも、上映を企画する際に抑圧されていた世代と比べると、解放されて自由に伸び伸びやっている世代と、丁度間の40代ぐらいの僕とか小川さんとか川崎市市民ミュージアムで学芸員をやっていた岩槻歩さんとかは、その狭間で一体どうしたらいいんだろうと。

岩崎　例えば、シネマテーク・ジャポネーズがスタートした時代は70年代ですから、まだ地域に映画館はたくさんあり、多くの映画が上映されていたわけですが、自分たちが観たい映画は上映されていない、観ることができないという切実さがあった。

土田　今は観ることの選択肢を豊かにするというよりは、行動を起こすこと自体が動機になるような感覚ですか？

岩崎　インターネットで映画はいくらでも見られるかもしれないけれど、自分の周りには映画館はない、大きなスクリーンで人と一緒に映画をみるという体験、場所をつくりたいということで、ある作品が観られないから自分で上映するしかないという思いとはちょっと違うと思います。

土田　上映をしたい、ということですかね。

岩崎　少なくとも、等身大以上のスクリーンで上映されるものが映画であるとしたら、そのような形で映画を見せたいと思っている人たちではあると思います。何を見せるかは次の問題ですね。

土田　上映といったときに、映画館とか野外上映、カフェシネマでもいいですが、コミュニティシネマの経験からお二人にそれぞれお伺いしたいのは、どういうことが確保されていればいいと思いますか？　原理主義者だったら、フィルムで回してこれぐらいの大きさのスクリーンがあってっていうのも極端な例ですが、上映というのはどういうものとお二人が考えているのかと、すごく素朴な疑問なんですけど。古い映画体験みたいなものがあるのではないかと思うので、そこにこだわっているのではないかと、僕もそうかもしれない。だとすると、ワークショップとか上映会議をしても、正しい基準みたいなものをどうしても求めてしまうんじゃないのかなと。悪いわけではないけれど。

松本　もともとシネクラブ系の人間としては、あらゆる方法で映画を観たい、見せたいと思ってきました。だから16ミリプリントでもハリウッド映画を上映し、アテネのあの小さなスクリーンで上映してきたわけです。でも本来は大きなスクリーンで、外界から遮蔽された空間で、他者と一緒に体験を共有することこそが映画だという思いがあり、可能な限りそれに近い条件に近づける努力はしています。

土田　他者と映画体験を共有するというのは、15年新潟のコミュニティシネマ会議ぐらいからプレゼンテーションでも言われて、記録を見ていると変わってきたのかなと思うのですが、喋りたいのでしょうか、みんな。上映というのは不特定多数の人が匿名でひとつの作品に集まって経験を共有しているわけですが、みんなそれを喋ることで共有するということをしたい人がプレゼンテーションを見ていると多いような気がします。

松本　私にとって映画を上映するということはオマージュではなく、問題の提起だと思っています。上映することによって公共化され、いろんな意見が出てくる。それは批評のレベルであったり、気軽に友達と語り合うレベルであったりするわけですが、そのいろんな見方の交流によって、映画への認識が深まっていく。映画がより輝いていくのです。私にとって上映ってそういうものなんです。

岩崎　別に話し合わなくても、上映することで公共化されて、対話の可能性を作っているということですね。

松本　そう。ダニエル・シュミット作品のようなよく訳のわからない映画を持ってきて、今までと世界観が違うけどどうでしょうかと上映しながら問いかけていくわけです。最近はネット上でもいろいろな反応がありますが、いずれにせよ語り合うことで映画が輝いていくことは間違いがありません。

土田　どちらかというと、お客さんだったら絶対喋らなそうなお二人なんですけどね（笑）。「どう思いました～？」と言っても絶対喋ってくれない（笑）。

松本　うまく言葉にできないんですよ。だから上映して「これ何でしょう」と問いかける。私がもし淀川長治先生のように「映画の語り部」

と言われるような才能を持っていたら、ここまで上映にこだわらなかったかもしれないと思うこともあります。

ありあまる映画の本数の問題

松本　今、コミュニティシネマ自体がある意味で選別の制度そのものかもしれない。つまり基本はフリーブッキングなんです。ブロックブッキングではなくてフリーブッキングだから、プログラミングする人は、厳選したプログラミングをして、観客との信頼関係を築くことが大切になってくる。ブロックブッキングになってくると、中央で決めたプログラムが地方に行くわけで選択の自由が失われていく。だからコミュニティシネマのシネマテークプロジェクトでもシネマシンジケートプロジェクトでも、一歩間違うと、もうひとつのブロックブッキングになってしまう。ネットワークをつくることは大きな力になるけれども、同時に、その辺りの危うさがあることは、十分に意識しておく必要があると思います。

岩崎　96年に最初に映画上映ネットワーク会議をやったときと、それから20年経った現在では、映画館を取り巻く状況がかなり変化しています。当時はまだほとんどなかったシネコンが00年代以降急増して、現在ではスクリーンの85%を占めています。かつて「単館系」と呼ばれたような作品を上映するシネコンも少なくない。その一方で、従来型の映画館は激減し、映画館がない市町村が増えています。そうなってくると、コミュニティシネマの理念は変わらないにしても、具体的にやることは変化してくるのじゃないかなと思います。20年前に1800館ぐらいあった映画館がいまは580館ぐらいになっていて、映画館はすごく減っているんです。時々、地方で上映に行くことがありますが、長い間、映画館がなかった町だと、映画館に行くこと自体に馴染んでない、映画を観に行くことが日常的な生活の中に存在していないんだなと感じます。日常の中に映画を観る習慣があるということは重要ですね。

土田　学生にしても、東京に住んでいるから観られる映画と、地方で40万人ぐらいの都市だったらミニシアターが成立するのに、シネコンが2つぐらいしかないような所では、圧倒的に情報や映画に対するアプローチの仕方が若い人にとって全然違いますよね。

松本　コミュニティシネマをオーガナイズしていく人は、地域の文化環境を見渡しながら作品を厳選して、観客との信頼関係を築き、観客を増やしていくことが求められているわけです。つまり、淀川長治先生のような「映画の伝道師」だと思うんです。映画の魅力を伝えられる人。そういう若い人たちが出てきてほしいと思います。今日この座談会、本当はお断りしようと思っていたんです。でも、30代の頃に当時80歳くらいになられていた野口久光先生から「マツモトちゃん、あなた映画が好きならうちは若くていられるからね。80歳になった時に同窓会に出てごらんなさい。他の人たちと全然違うから」って言われたことがあるんです。80歳の人が集まると病気と孫の話ばっかりになっちゃうと。フランソワ・トリュフォーに気に入られたポスターを描かれた方がおっしゃった言葉なので、それを信じておじいちゃんになったけれども、病気と孫の話以外をしなければいけないなと思いました。

土田　松本さんも岩崎さんも、語る立場が違うのかなと。全国を連絡とりあって束ねている岩崎さんと、松本さんは、今日はアテネ・フランセの顔だったかなと。

松本　7月に武田潔さんからご依頼があって、早稲田大学で、武田さんや藤井仁子さんや古賀太さんと映画上映についてのシンポジウムに登壇してお話をしたことがあるのです。その時、80年代のアテネのシネクラブについてのご質問があって、考えた末に「シネフィルが集結した映画の解放区でした」と答えたのです。では90年代のアテネはどうだったかと考えた時に、その可能性を広げてくれたのが、映画上映ネットワークであり、コミュニティシネマだったわけです。今日は主に、コミュニティシネマに加盟した団体のプログラムディレクターとしてお話させていただきました。

［2017年10月2日　渋谷ユーロスペースにて］

コミュニティシネマの20年 1994～2016

1993 ◎日本初のシネマコンプレックス「ワーナー・マイカル・シネマズ海老名」（神奈川県海老名）開館

1994 **国際交流基金の外郭団体 財団法人国際文化交流推進協会**（エース・ジャパン）**設立～映画祭等公共上映関係者会議の開催**
ドイツ・フランス・英国における「非商業上映」に関する調査（国際交流基金/エース・ジャパン）
「ケン・ローチ レトロスペクティブ」巡回（共催：川崎市市民ミュージアム）

1995 ◎1.17 阪神淡路大震災
「戦後ポーランド映画の系譜」巡回（共催：川崎市市民ミュージアム）

1996 **第1回映画上映ネットワーク会議**（全国コミュニティシネマ会議前身）**［福岡市総合図書館］ 地域の映画祭・映画上映を考える**
基調講演：髙野悦子（岩波ホール総支配人）
◎福岡市総合図書館／神戸アートビレッジセンター 開館
「レトロスペクティヴ/ジョルジュ・ド・ボールガール」巡回（共催：川崎市市民ミュージアム）**ラウル・クタール氏招聘**

1997 **映画上映ネットワーク会議［萩市］ 地域の映画祭・映画上映を考える**
基調講演：ペーター・ベア（マンハイム・コミュナール・キノ「シネマクアドラ」）／マリー＝クリスチーヌ・ド・ナヴァセル（東京日仏学院院長）
◎みやこシネマリーン開館（みやこ映画生協）

1998 **映画上映ネットワーク会議［山形市/山形国際ドキュメンタリー映画祭］ 公共上映の諸問題**――日々の上映活動を考える
基調講演：マーク・ノーネス（ミシガン大学助教授）「アメリカにおける公共上映の状況」
フレデリック・ワイズマン映画祭 開催～14作品を輸入・上映～全国巡回 フレデリック・ワイズマン監督招聘
◎シネモンド（金沢）開館

1999 **映画上映ネットワーク会議［青森市］ 地域における映画・映像上映・創造の拠点づくり**――地域を結ぶネットワークの将来像
基調講演：カレン・アレクサンダー（英国映画協会BFI）「英国における公共上映の状況――BFIの活動を中心に」

2000 **映画上映ネットワーク会議［高崎市］ 地域の活性化・映画の活性化**
基調講演：デビー・シルバーファイン（ニューヨーク州芸術評議会副理事、電子メディア・映画部門ディレクター）「ニューヨーク文化はいかにしてつくられるか」
地中海映画祭 制作～巡回（主催：国際交流基金）

2001 **映画上映ネットワーク会議［東京］ 日本における映画文化の振興を考える**～地域の活性化（まちづくり、都市計画）と映画
「芸術振興のための法と制度調査 ヨーロッパの映画振興を中心に」中間報告書 イギリス・フランス・ドイツを調査
◎文化芸術振興基本法 公布
◎せんだいメディアテーク/宮崎キネマ館（NPO法人宮崎文化本舗）開館

2002 **映画上映ネットワーク会議［岐阜］ 地域における映画環境の変化と“コミュニティシネマ”（公共映画館）の可能性**
基調講演：ポク・ファンモ（韓国湖南大学演劇映像学科助教授）「韓国の映画振興制度」
「芸術振興のための法と制度調査～アメリカ・韓国の映画振興を中心に」報告書
“芸術振興に関する提言～公共上映の振興を中心に”掲載 “コミュニティシネマ”のコンセプト提示
◎深谷シネマ（NPO法人シアター・エフ）開館
◎ヴァージン・シネマズ、インターネットチケット販売システム開始「Vit」導入

2003	地域における映画上映状況調査「**映画上映活動年鑑2003**」 「**コミュニティシネマ支援センター**」**設立**［エース・ジャパン内］ 映画上映ネットワーク会議［大阪］**“コミュニティシネマ”宣言！** 「聖なる映画作家、カール・ドライヤー」全長編14作品を上映～巡回（共催：東京国立近代美術館フィルムセンター、朝日新聞社、ユーロスペース） **映画上映専門家養成講座 シネマ・マネジメント・ワークショップ**（10月～3月） ◎映画振興に関する懇談会による「これからの日本映画の振興について（提言）」 ◎山口情報芸術センター（YCAM）開館
2004	映画上映ネットワーク会議［高知県立美術館］**映画教育について考える** 基調講演1：アラン・ベルガラ（パリ第三大学映画教授、映画作家・研究者）「フランスにおける映画教育」 基調講演2：ウェンディ・アール（英国映画協会BFI教育部門、リソース・エディター）「イギリスにおける映画教育の実践」 諸外国及びわが国における『映画教育』に関する調査 中間報告書 日本国内、英国、フランスを調査 地域における映画上映状況調査「**映画上映活動年鑑2004〔非映画館編〕**」 映画上映専門家養成講座 **シネマ・マネジメント・ワークショップ**（6月～3月） ◎金沢21世紀美術館／シネマテークたかさき（NPO法人たかさきコミュニティシネマ）／京都シネマ（如月社）／萩ツインシネマ（NPO法人萩コミュニティシネマ）開館
2005	コミュニティシネマ／映画上映ネットワーク会議［金沢21世紀美術館］**芸術の創造力がまちを再生する―映画とまちの関係を考える** 基調講演：ジャン=ルイ・ボナン（フランス・ナント市文化局長）「文化でよみがえるフランスの都市ナント」 **諸外国及びわが国における『映画教育』に関する調査** 最終報告書 「生誕100年記念 映画監督成瀬巳喜男レトロスペクティヴ」全国巡回 コミュニティシネマ賞の授賞『ダーウィンの悪夢』（フーベルト・ザウパー監督） 映画上映専門家養成講座 **シネマ・マネジメント・ワークショップ**（6月～3月） ◎桜坂劇場（那覇/株式会社クランク）開館
2006	コミュニティシネマ／映画上映ネットワーク会議［札幌］**デジタル時代の映画上映**～上映することの意味を考える 基調講演：中谷健太郎（由布院亀の井別荘主人）「ソコが、ココになる日～由布院盆地は再生するか？」 諸外国及びわが国における『映画教育』に関する調査 実践編「**こどもと映画**」**プログラムの現在** 地域における映画上映状況調査「**映画上映活動年鑑2006**」 没後50年特別企画「溝口健二の映画」全国巡回
2007	全国コミュニティシネマ会議［東京国立近代美術館フィルムセンター］**映画を伝達する―批評、メディア、観客** 基調講演：蓮實重彦（映画批評家／東京大学元総長）『「モンゴメリー・クリフ（ト）問題」について―映画史のカノン化は可能か？』 **「映画祭」と「コミュニティシネマ」に関する基礎調査 報告書** 「50年目の『幕末太陽傳』～川島雄三レトロスペクテヴィヴ」全国巡回 コミュニティシネマ賞の授賞『長江にいきる 秉愛の物語』（フォン・イェン監督） 映画上映専門家養成講座 **シネマ・マネジメント・ワークショップ**（6月～3月） ◎川崎市アートセンター（川崎市文化財団）／フォルツァ総曲輪開館（まちづくりとやま）／十日町シネマパラダイス／川越スカラ座（NPO法人プレイグラウンド） シアター・シエマ（佐賀/有69nersFILM）開館
2008	全国コミュニティシネマ会議［せんだいメディアテーク］**都市に映画の文脈（コンテクスト）を育む** 基調講演：ワン・パイジャン（※ホウ・シャオシェン監督代理/「台北之家」プログラム・ディレクター）「台湾のコミュニティシネマ“台北之家”について」 分科会：［1］シネマテーク・プロジェクト部会 ［2］シネマ・シンジケート部会 ［3］映画祭/シネクラブ部会 ［4］映像学芸員―資格の新設とその目的 ［5］子どものための映画映像教育 地域における映画上映状況調査「**映画上映活動年鑑2008**」 「生誕百年 映画監督 マキノ雅弘」全国巡回 **シネマ・シンジケート・プロジェクト、シネマテーク・プロジェクト開始** シネマ・シンジケート・プロジェクト：『**コドモのコドモ**』（萩生田宏治監督） シネマテーク・プロジェクト：「**日仏交流150周年記念 フランス映画の秘宝**」 ◎シネマ尾道（NPO法人シネマ尾道）/シネマイーラ（浜松市民映画館）開館
2009	「一般社団法人コミュニティシネマセンター」設立（4月） 全国コミュニティシネマ会議［川崎市アートセンター］**政策の中の映画** 基調講演：岡島尚志［東京国立近代美術館フィルムセンター主幹／国際フィルム・アーカイブ連盟（FIAF）会長］「フィルム・アーカイブと映画上映の未来」 ディスカッション：「政策の中の映画」

2009	分科会：[1] 映画祭／シネクラブ部会「地域における映画祭を考える〜アジア映画の魅力」 [2] シネマテーク・プロジェクト部会+映像教育部 [3] シネマ・シンジケート部会「映画館における"アウトリーチ"を考える」 **シネマ・シンジケート：**『嗚呼、満蒙開拓団』（羽田澄子監督）『マン・オン・ワイヤー』（ジェームス・マーシュ監督）「ドゥミ×ルグラン＝ミュージカル女優ドヌーヴ」［推薦選定作品］ほか **シネマテーク・プロジェクト：生誕百年記念 山中貞雄監督特集** **コミュニティシネマ賞の授賞『ビラルの世界』（ソーラヴ・サーランギ監督）** **映画上映専門家養成講座 シネマ・マネジメント・ワークショップ（6月〜3月）** ◎高田世界館、NPO法人「街なか映画館再生委員会」による運営
2010	**全国コミュニティシネマ会議［山口情報芸術センター（YCAM）］"メディア芸術センター"としてのコミュニティシネマの可能性** 基調報告Ⅰ：「山口情報芸術センターの中の"映像"」 基調報告Ⅱ：「コミュニティシネマの未来系"映像メディアセンター"プラン」 ディスカッション：「"メディア芸術センター"としてのコミュニティシネマの可能性」 名画座フォーラム：「日本映画クラシック作品の上映環境を考える」 講義：「デジタルシネマの現在」 **地域における映画上映状況調査「映画上映活動年鑑2010」** **シネマ・シンジケート：**『海炭市叙景』（熊切和嘉監督）『イエローキッド』（真利子哲也監督）『ソフィアの夜明け』（カメン・アレフ監督）［以上、推薦選定作品］『バグダッドカフェ』「ヴィターリー・カネフスキー特集」「ブリジット・バルドー生誕祭」「イエジー・スコリモフスキ'60年代傑作選」ほか **「ポルトガル映画祭2010〜マノエル・ド・オリヴェイラとポルトガル映画の巨匠たち」**（シネマテーク・プロジェクト） **共催：東京国立近代美術館フィルムセンター** **ヤスミン・アフマド監督レトロスペクティヴ 開催〜巡回** **京都「駅ビルシネマ」の企画・運営（7月〜12月）** ◎鎌倉市川喜多映画記念館／ガーデンズシネマ（NPO法人鹿児島コミュニティシネマ）／元町映画館（一般社団法人元町映画館） 鶴岡まちなかキネマ（まちづくり鶴岡）開館
2011	◎3.11 東日本大震災 **全国コミュニティシネマ会議［広島市映像文化ライブラリー］シネマエール東北 〜映画の可能性を信じて** 基調報告：「映画応援団―シネマエール東北 東北に映画を届けよう！プロジェクト」 ディスカッション：「映画に何ができるのか」 講義：イアン・クリスティー（ロンドン大学、バークベック校映画・メディア史教授）「ヨーロッパにおける映画教育の現在」 報告とディスカッション：「高校生のための映画館（仮）プロジェクトの実施について」 **シネマ・シンジケート：**『エッセンシャル・キリング』（イエジー・スコリモフスキ監督）［選定推薦作品］　『悲しみのミルク』『MIRAL』『赤い靴』『歴史は女でつくられる』『ゴモラ』「クロード・シャブロル特集」「ブレッソン特集」ほか **「フレデリック・ワイズマン・レトロスペクティヴ〜ワイズマンのすべて」**（シネマテーク・プロジェクト） **フレデリック・ワイズマン監督招聘 ワイズマン全作品上映** **コミュニティシネマ賞の授賞『イラン式料理本』（モハマド・シルワーニ監督）、** **「東北大震災復興支援上映プロジェクト "CINEMA WITH US "ともにある」** **「独立系映画事業者（製作・配給・映画館）合同ミーティング／「デジタル化による日本における映画文化のミライについて」** **映像メディアキュレーター養成講座 シネマ・マネジメント・ワークショップ（7月〜3月）** **映画教育プログラム 高校生の映画館（シネマ尾道／川崎市アートセンター／金沢シネモンド）**
2012	**全国コミュニティシネマ会議［那覇/桜坂劇場］魅力的なまち、居心地のいい場所≒コミュニティシネマ** ディスカッション1：「居心地のよい場所≒コミュニティシネマ〜桜坂劇場 大解剖！」 徹底討論：「残す？残さない？―35ミリ上映環境の確保について考える」 ワークショップ：「若い観客開拓のためのワークショップ　自館の広報戦略を再検証する！！」 「シネマエール東北 東北に映画を届けよう！プロジェクト」レポート **シネマエール東北 東北に映画を届けよう！プロジェクト** **「文化なしごと創造事業」岩手県「みやこほっこり映画祭」／宮城県「ISHINOMAKI金曜映画館」／福島県「映画 ASAHIZA」** **「デジタル化と映画文化の未来」連続講座：独立系映画館のデジタル化の現状を知る そして35ミリ上映環境の確保について考える** （東京／京都／高崎） **映画教育プログラム「高校生の映画館」**（川崎市アートセンター／桜坂劇場／シネマ尾道／金沢シネモンド） **シネマ・シンジケート：**『ル・アーブルの靴みがき』（アキ・カウリスマキ監督）『ライク・サムワン・イン・ラブ』（アッバス・キアロスタミ監督）［選定推薦作品］「ポーランド映画祭2012」「ホセ・ルイス・ゲリン映画祭」ほか **松竹キネマ90周年記念 女優王国―松竹を代表する10人の女優たち／喜劇映画の異端児 渋谷実監督特集** ◎ufotable CINEMA（徳島）開館

2013 **全国コミュニティシネマ会議［浜松シネマ・イーラ］コミュニティシネマのリノベーション！〜映画を軸にクリエイティブなまちづくりを考える**
デジタル時代のプログラム開発ワークショップ1：あなたの劇場の「デジタル化」について話し合おう！
基調報告：新しいまちをつくる〜石巻の挑戦 西田司（建築家/有限会社オンデザインパートナーズ代表／ISHNOMAKI2.0理事）
『楽隊のうさぎ』プレミア上映とディスカッション：「コミュニティシネマと映画製作」
プレゼンテーション：「『楽隊のうさぎ』ができるまで。」／ディスカッション：「映画をつくること／映画を上映すること／コミュニティをつくること」
ワークショップ：「作品に即した広報宣伝戦略とは〜『楽隊のうさぎ』をモデルケースに」
分科会：［1］映画祭の現在―魅力的なプログラムのあり方
［2］Fシネマ・プロジェクト〜フィルムの上映環境を確保するために（シネマテーク・プロジェクト）
［3］シネマ・シンジケート・プロジェクトを検証する
シネマエール東北 東北に映画を届けよう！プロジェクト
映像アートマネジメント・ワークショップイン東北（石巻／宮古／釜石／南相馬）
Fシネマプロジェクト「蘇ったフィルムたち 東京国立近代美術館フィルムセンター復元作品特集」（シネマテーク・プロジェクト）
シネマ・シンジケート：『楽隊のうさぎ』（鈴木卓爾監督）『ホーリー・モーターズ』（レオス・カラックス監督）『日本の悲劇』（小林政広監督）［選定推薦作品］「フレンチ・フィーメイル」「スクリーン・ビューティーズ」『阿賀に生きる』ほか
シネマ・マネジメント・ワークショップ（7月〜3月）
ワークショップ：“子どもと映画”企画をつくる（東京）／**「高校生の映画館」プログラム**（シネマ尾道／川崎市アートセンター）
コミュニティシネマ賞の授賞『おばあちゃんが伝えたかったこと カンボジア・トゥノル・ロ村の物語』（エラ・プリーセ監督）

2014 **全国コミュニティシネマ会議［東京国立近代美術館フィルムセンター］**
スクリーン体験フォーエバー！〜私たちはスクリーンで映画をみたい/みせたい
トーク 香川京子（女優）／プレゼンテーションとディスカッション「映画上映振興策プラン」
セッション：［1］コミュニティシネマの映画館（シネマ・シンジケート・プロジェクト）
［2］Fシネマ・プロジェクト〜フィルムの上映環境を確保するために（シネマテーク・プロジェクト）
［3］コミュニティの中の映画祭の可能性
シネマエール東北 東北に映画を届けよう！プロジェクト
映像アートマネジメント・ワークショップイン東北（石巻／宮古）
シネマ・シンジケート：「会員相互割引サービス」開始「ジョン・フォード生誕120年特集」「フランソワ・トリュフォー没後30年特集」「クロード・ランズマン3作品」「ポーランド映画祭2015」ほか
MoMA ニューヨーク近代美術館映画コレクション（Fシネマプロジェクト／シネマテーク・プロジェクト）
映画上映振興プラン立案のためのリサーチとワークショップ／望ましい映画上映振興策を考えるワークショップin京都
Fシネマプロジェクト：フィルム上映の現状に関する調査
「高校生のための映画館」プログラム（シネマ尾道／川崎市アートセンター）
◎横浜シネマリン／豊岡劇場／アミューあつぎ映画.comシネマ／御成座（大館）開館

2015 **全国コミュニティシネマ会議［新潟市］**
基調報告：文化創造都市・新潟と映画／ディスカッション：文化政策の中の映画上映振興策／ディスカッション：新しい映画上映のかたち
分科会：［1］小さな町のコミュニティシネマ［2］大きな町のコミュニティシネマ
シネマエール東北 東北に映画を届けよう！プロジェクト
映画上映振興プラン立案のためのリサーチ
「Fシネマ・プロジェクト」リサーチ及び、フィルム上映のためのポータルサイト「Fシネマップ（FcineMap）」の開設／報告書の作成
ウェブサイト「Fシネマップ（FcineMap）」開設 記念イベント トーク：山田洋次（映画監督）／ディスカッション／映写技師ワークショップ
映画祭に関する基礎調査
「高校生のための映画館」プログラム〜若年層の観客開拓プログラム（シネマ尾道／川崎市アートセンター／アテネ・フランセ文化センター）
映像アートマネジメント・ワークショップイン東北（石巻／宮古／釜石）
永遠のオリヴェイラ マノエル・ド・オリヴェイラ監督追悼特集（シネマテーク・プロジェクト／Fシネマプロジェクト）
Fシネマ・ツアー2016（シネマ5（大分）／シネマ尾道／高崎電気館）

2016 **全国コミュニティシネマ会議［高崎］**
ディスカッション：［1］コミュニティシネマのこれまでとこれから」
［2］「地域のミニシアターの20年」
三陸映画上映ネットワーク事業（シネマエール東北 東北に映画を届けよう！プロジェクト）
「映画祭」に関する基礎調査
映画上映活動年鑑2016
映像アートマネジメント・ワークショップイン東北（石巻／宮古／釜石）
永遠のオリヴェイラ マノエル・ド・オリヴェイラ監督追悼特集開催〜巡回（シネマテーク・プロジェクト／Fシネマプロジェクト）
Fシネマ・プロジェクト フィルム映写ワークショップ（東京国立近代美術館フィルムセンター相模原分館）**／フィルム上映会**（山口情報芸術センター）
◎シネマ・チュプキ、シネコヤ 開館

コミュニティシネマ横浜会議を考察する

～全国コミュニティシネマ会議2017イン横浜の報告～

座談会＝宮嵜善文＋坂本安美＋平野勇治

かつて日本でも有数の映画の街であった横浜は、今はその賑わいの影もうすいが、孤軍奮闘の映画館もいくつかはある。充実した観光都市・横浜でのコミュニティシネマの会議は、参加者にどのように映っただろうか。またそこから何を得ただろうか。松本CINEMAセレクトの宮嵜善文さん、名古屋シネマテークの平野勇治さん、アンスティチュ・フランセ日本の坂本安美さんに、横浜会議の印象と課題を語ってもらった。

取材・司会＝小笠原正勝　文＝沼田梓　撮影＝助川祐樹

会議全体の感想

小笠原　まずは皆さんそれぞれ、会議の場におられて、雰囲気や印象はどうでしたか。

宮嵜　横浜という土地柄、業界の人が多くて賑やかだったと思うし、参加者も若い人が去年の高崎から増えていて、僕たちもとても嬉しいです。あと、どうしても限られた時間だからディスカッションにならない項目があるのがこれからの課題かなとは思います。

坂本　コミュニティシネマ会議はできる限り参加させていただいています。やはり楽しいのはその土地に行くことですよね。その土地で映画活動をしている方々の声を聞けるのはその場所に行く大きな意義というか、その土地に住んでいる人々と映画の関係を少しでも知ることができるのが全国コミュニティシネマ会議の醍醐味じゃないかなと思います。横浜ってホント海が近くて、古い建物も多くて、歴史的な建物の横浜市開港記念会館で行なわれて、そういった歴史や、そこに住んで暮らしている方々と映画の関係を感じられたのが楽しかったですね。

平野　今回の参加者数350人でしたっけ。ちょっと業界の人が多かったというのはあるけれども、映画館や映画祭などの人もいるし、それから映画会社の人もかなりいたし。あと研究者の方も学生さんを連れて来ていたようなので、幅広い人たちに来てもらえたのがとても良かったです。それと、ディスカッションのことは確かにそうなんだけれども、皆さん言いたいことがたくさんあるので、その中からキーワードをもらって、それを自分たちで繋げて帰っていってもらえれば良いんじゃないかな。

映画文化の豊かな未来とは

クローデリック・ポワロウさんに聞く「ヨーロッパ映画の現在と未来」

小笠原　クローデリック・ポワロウさんとヨーロッパシネマの話というのは、どういうふうに受け止められましたか？

宮崎　僕たちにとって、直接ヨーロッパシネマと実務的に何も関係がなくて、前は本当に向こうの世界でしたね。けれどコミニュティシネマの仲間がヨーロッパシネマに参加したり、広い目で支援をするシステムがあるというのが少しずつ広がって、いいねと言っていたのが、ここ数年みんなが頑張ったおかげで距離感が近くなりました。自分でも話を聞いて、ヨーロッパの問題だけれど、共感できます。

坂本　抱えている問題も似ていますものね。若い世代にどうやって映画を観せる事が出来るかと。デジタル化の問題も同様ですし。日本ほどでないにしても、デジタル化で作品が増えて、一つの映画館で同時に上映されている映画の本数もすごく増えていて。番組編成や一本の作品にかけられる時間も変わってきているというのはやはり共通の問題だなと思いました。

宮崎　支援なんていう発想もなかったもんね、初期の頃。

平野　そうね。だから今回、坂本さんが訊いてくださったんですよね？

坂本　はい。私の上司が「お前、聞け」と言って。ポワロウさんとしては、ヨーロッパ連合で支援をやめると決まった時には、本当に怒りにも近いものを感じて、彼は映画の上映をいちばん大事に思っているので不甲斐ない気持ちでいらっしゃったのです。けれど、一応そのヨーロッパ連合の下部機関でもあるので、クローデリックさんご本人からそれを言うのは政治的に難しい部分もあるので、私から質問させていただきました。でも帰国してすぐにポワロウさんから電話があって、ぜひ皆さんで支援してほしいという気持ちをアクションとして見せることがとても大事だということを再三にわたっておっしゃっていましたね。

平野　あの時、「働きかけろ」とおっしゃったじゃないですか。我々は、こういうヨーロッパの支援

講演するクローデリック・ポワロウ

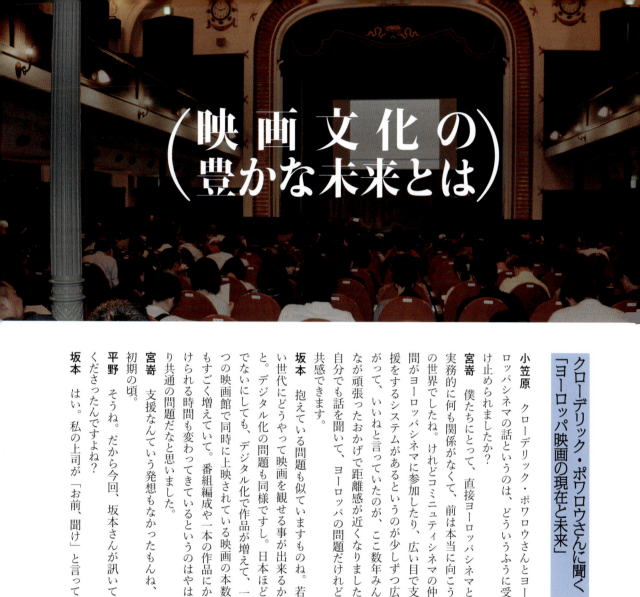

があるよと聞いて「そりゃありがたいですね」と、ヨーロッパ映画の動員を数えて「何人入りました、何日間やりました。はい、よろしく」みたいなふうにやっていただけなんですよ。でも、今回、働きかけなさいと言われたことが印象深くて、必ずそうやって働きかけていかないことには支援を得られないんだということをあそこではっきり言われたなと。それは大きかったですね。

坂本　ポワロウさんに関しては、アテンドさせていただいて一緒に過ごす時間が多かったんですけれども、本当に映画館が大好きな人でしたね。どうやって映画館との関わりを持っていくようになったかなど若い頃の話を個人的にしてくださいました。

小笠原　そういう話も聞きたかったですね。

坂本　そういう話が聞ければ、もっと身近に感じられたかもしれません。何館かの映画館を一緒に回った時も、すぐに椅子に座ってスクリーンを見て感想をおっしゃったり、わざわざ映写室にあがって行って覗かれたりされていたので、本当に、単に事務的な仕事をしている人ではないという印象でしたね。

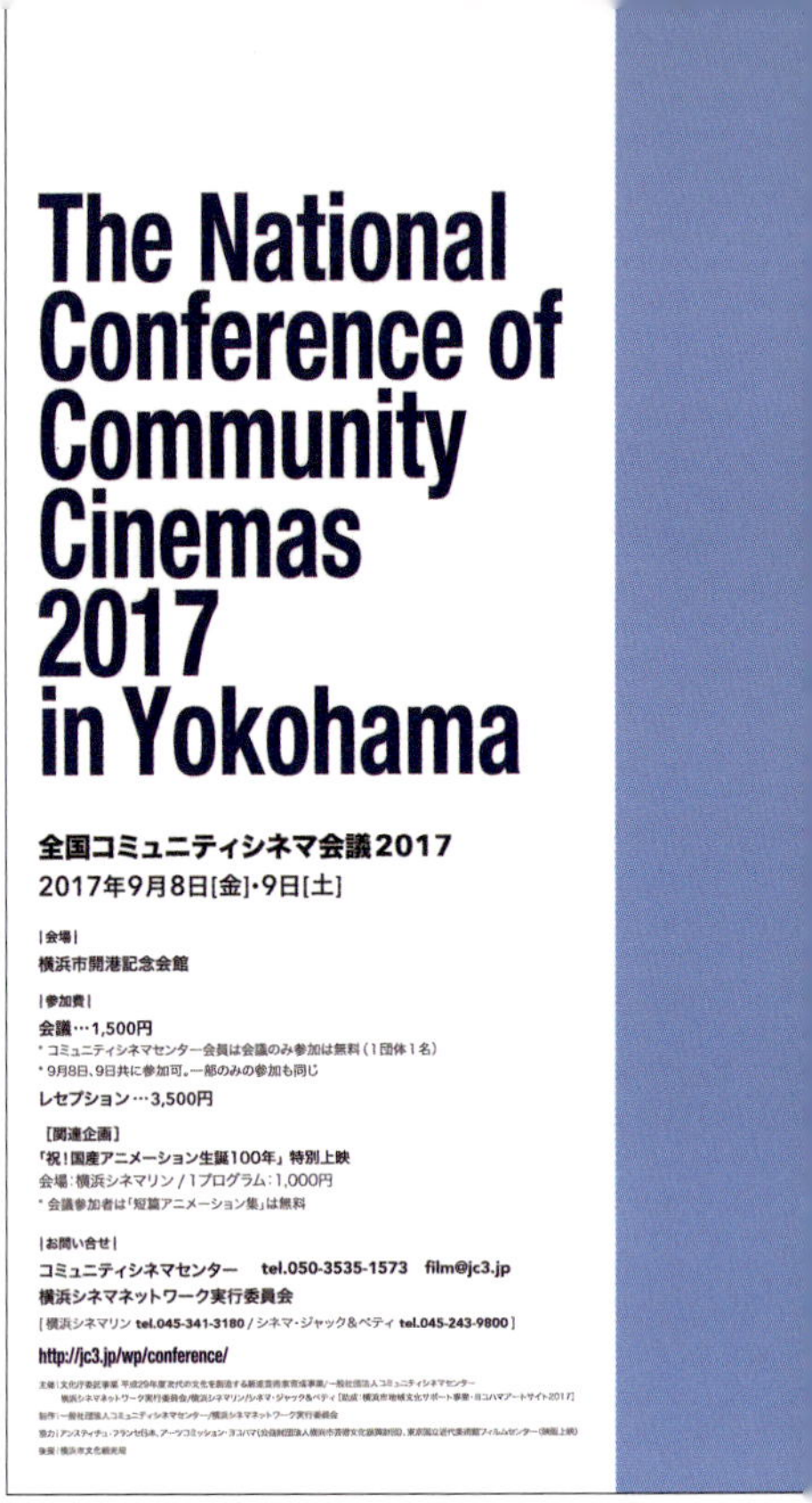
The National Conference of Community Cinemas 2017 in Yokohama

全国コミュニティシネマ会議2017
2017年9月8日[金]・9日[土]

|会場|
横浜市開港記念会館

|参加費|
会議…1,500円
* コミュニティシネマセンター会員は会議のみ参加は無料（1団体1名）
* 9月8日、9日共に参加可。一部のみの参加も同じ
レセプション…3,500円

［関連企画］
「祝！国産アニメーション生誕100年」特別上映
会場：横浜シネマリン / 1プログラム：1,000円
* 会議参加者は「短篇アニメーション集」は無料

|お問い合せ|
コミュニティシネマセンター　tel.050-3535-1573　film@jc3.jp
横浜シネマネットワーク実行委員会
［横浜シネマリン tel.045-341-3180 / シネマ・ジャック＆ベティ tel.045-243-9800］
http://jc3.jp/wp/conference/

「全国コミュニティシネマ会議2017」プログラム

平野　ユーロスペースと同じ82年に映画館をオープンされているわけですよね。それを7スクリーンで始めておられるというのはどういう状況で何ゆえにみたいなことを聞けばよかったと、あとから反省しています。

坂本　映画館も開かれていて、かつ、製作・配給もされていて。若い頃は映写技師をしながらお金を稼いでというようなスタートだったようですけれども。人と人との繋がりの中で映画の仕事をなさっていらっしゃる人だなというのは皆さんとお話している雰囲気からも伝わってきましたね。

小笠原　ポワロウさんが向こうのネットワークのデータをたくさん公開してくれましたよね。皆さんにとって参考や手掛かりになる点はありましたか？

平野　スケールが全然違いますからね。同時に、欧州連合というのも基にあるわけなので、違いは大きいんですけど、印象に残ったのは、EU内の他の国の作品を上映するということにもかなり力を入れている点です。フランスはフランスだけの映画をやっているわけじゃなくて、参加している他の国の映画も積極的に上映する、シェアするということが意味深いなと感じました。

小笠原　もちろん風土や環境が違いますから、

同じようには捉えられないけれども。でもそのやり方というか方法論には非常に得るものもあるかと。岩崎さん、コミュニティシネマとしてはポワロウさんは初めてですか？

宮嵜　実はすごく長い歴史がありまして。以前、コミュニティシネマでヨーロッパに調査に行ったことがあるんですね。映画上映に対する振興制度がどうなっているか。その時にヨーロッパシネマも訪問して、ポワロウさんにお会いしていたんです。20年くらい前なんですけれども。

小笠原　来日して講演してもらったのは？

宮嵜　初めてです。ただ、ヨーロッパシネマはヨーロッパ映画を上映している映画館を支援するというのがメインの事業ですけれども、それと同時に若い観客を育成している劇場をより一層強く支援するということと、自分たち自身も若い観客を育てるための方法を考えるようなワークショップをやったり事例を紹介したりということをとても熱心にやられています。実はこれまでにポワロウさん以外にも2人、ヨーロッパシネマからお招きしたことがありまして。その2人はいずれも映画教育や、若い観客を育成するという事業に深く関わられています。

坂本　近くでアテンドをさせていただいた身から言うと、ポワロウさんのお人柄もあって、今回いらっしゃったことをきっかけに、いろいろ開けていくような気がしますね。彼が開いてくれたところに私たちもどんどん入っていかなければいけません。そういった一つの大きな繋がりができたという実感を持ちましたね。お帰りになってからすぐに「皆さんにこう伝えてほしい」というメールが来たのですが、そういう彼のアクションを見ても、2日間も映画館を回り、みっちり皆さんとお話しになって、いろいろ思うところがあったのだと思います。今後ヨーロッパシネマとの繋がりが密になっていくような気がします。これで終わりでは全然ないということですね。

平野　これからも海外のゲストには来てほしいですね。

上映とは何か ～多様化する上映を考える～

プレゼンテーションマラソンと上映ワークショップ

小笠原　プレゼンテーションマラソンというのはライブハウスみたいでびっくりですけど。映画館だけではなく映画祭や上映イベントも含めた、今の横浜で上映活動を行う人たちが、制限時間5分間のマラソン形式で活動報告を次々と発表していきましたよね。発表には、若い人たちもたくさん登場しました。

坂本　まとめてバーッと勢いで紹介していただいたことで、横浜の全体像、だいたいの映画活動というのが時間内に圧縮して見えてきますよね。正直終わった後は、本当にマラソンしたような疲れた気持ちになりましたけど、でも楽しかったです。

宮嵜　それから前日に上映のワークショップを開催したんですよね。応募は多くて定員の倍ぐらいが参加しました。若い方が多かったです。アテネの堀さんがすごく高度な講義をされて、みんなポカーンとしていた（笑）。でもアンケートの反応はとても良かった。

レクチャー＋ディスカッション

小笠原　「多様化する〝上映〟を考える」という

講演する岡島尚志

レクチャー＋ディスカッションでは、最初に岡島尚志さん（東京国立近代美術館フィルムセンター参事）の「〝上映〟を定義する」という講演で、岡島さん個人の上映に関する一つの見解が語られました。そして、この講演を受けて、その後のディスカッションに導く狙いがありました。ゲストに大高健志さん（MotionGallery代表／popcorn 共同代表）、樋口泰人さん（boid主宰／爆音映画祭プロデューサー）、岡島尚志さん、クローデリック・ポワロウさんを迎え、司会を三浦哲哉さん（映画批評／青山学院大学准教授）にお願いしたんですね。岡島さんの話はいかがでしたか？

宮嵜　岡島節が健在でした。ディスカッションは、去年の高崎の会議と同じテーマで、僕もどちらかというとこのテーマの言い出しっぺの人間なので、物を食いながらとか、映画館ではない真っ暗闇ではない所で上映というのにどうしても抵抗があるんです。ミニシアター、別の世界。そういう一つの映画上映という箱の中に、カフェが一緒になっていることに対する違和感が僕にはあるわけなんですよ。岡島さんがその辺をどう思うのか聞きたかったけれど、岡島さんとしては、「いちばん最初に上映した時と同じように上映するのが僕の仕事だ」と。カフェのことは否定はしなくて「それもありですよ」と。でも肯定的な「あり」なのか、その言葉の後ろに何かあったのか、もしくは具体的にこういうものなのか、そこでディスカッションができると思うんだけれど。

小笠原　僕は2日目のディスカッションにも同じようなことを感じたけれど、議論を掘り下げていくというか。そうところにまでいってほしいという気持ちがありましたね。

ディスカッション（大高健志、樋口泰人、岡島尚志、クローデリック・ポワロウ、三浦哲也）

坂本　大高さんが上映というものをどう捉えていらっしゃるのかというところまではお聞きできなかった印象ですね。どういうふうにやっているかというのだけは説明してくださったけど、それが映画館での上映と比べてどういうふうに思っていらっしゃるのかというところまでは。きっとお考えがあるんじゃないか思ったのですが。樋口さんは涼しい顔をしてメッチャ熱いことをおっしゃっていて、「なんでこの人こんなに熱い男なんだろう」と改めて思いました。ある意味、具体的なことを話していたようでとても抽象的に話していて、皆さんそれぞれ結局あまりご自分の映画館の話にまでは至らなかった印象です。上映に関して、全く違う形で関わられている方が4人集まる、かつ、三浦さんのような優れた批評家が司会でいらっしゃったのでそこは残念ですけれども、それでも豊かなお話は聞けたと思います。

平野　大高さんは多分、少し長い目で見ると映画館ではない場所で掛かるような種類の映画をつくって上映していくということを考えておられるのかなと思いました。クラウド・ファンディングでそういう映画をつくる手助けをして、ポップコーンで上映をする手助けをする。なおかつ、これからそういうものをつくっていくという視野で考えておられるんだろうかなぁと思いますね。

小笠原　議論のぶつかり合いで違いが表れたり、見えないものが見えてくると面白いんですけどね。

宮嵜　もともとこの会議は、上映者、上映したい人に何かヒントになればいいよねというのが一つの目的だったじゃないですか。だからポップコーンというシステムでやってもいいんだ、というアクションになります。ただ実は、暗闇でちゃんと製作側が意図した環境で上映してほしいという思いが、やっぱりどうしても僕たちの根底にあるわけでしょう？ その辺でズレがあるのだけど。だからこういう方法があるんだということを……方法というより人ですね、システムを使って上映をやる人たちのほう。会議で提供する情報というのは、こういうシステムがあるという技術の情報ではなくて、地元でそういうシステムで上映する人たちがいるという人的な情報です。そしてその情報がまた、そのような上映をする、しようとしている人たちのヒントになるのが、僕たちの会議の一つの目的だと思う。

平野　確かにディスカッションがもっと聞けたら良かったと思うけれど、肯定的に捉えれば、1日目と2日目を響き合わせればかなりいろいろなことがあるなと思います。これからの上映がどうなっていくかということを、昨年の会議以上に突き付けられた感じはありました。1日目に上映に関する様々な形の紹介があり、2日目に新富座の水野さんと岩波ホールの原田さんが、映画館は聖なる空間、神殿であるとおっしゃった。一方で元町映画館の林さんは「映画だけに頼っていてはだめだ」という話をされていたので、それを考えていくと、じゃあこれから映画館はどうするのか、自分たちが神殿だと思っているならその魅力をどうやって発信したらいいのか、そういう問題提起をすごく感じましたね。

映画の世界へ誘う、字幕という仕事

小笠原　2日目の、字幕翻訳家の寺尾次郎さんのお話はどうでしたか？

平野　寺尾さんが、字幕をされる映画のテーマや、国や民族や文化といったことを一時的にめちゃくちゃ勉強するとおっしゃっていましたよね。けれど終わったらもうそれでおしまい。映画の仕事ってそういうところがあるなと自分も共感できた部分でした。上映する映画に関してにわか博士になっていくみたいなところがあると思うんですよね。そういうことの繰り返しがある種、ミニシアターの仕事の面白さみたいなところです。寺尾さんのレベルには達していないけど似ているなと思いましたし、そういうことの面白さというのを我々は今まで全然伝えてこなかったなと思うんですね。その面白さを発信していくことができると良いなということをお話を聞いていて考えました。

坂本　作品との、一つ一つの出会いや関わり方についてですよね。

平野　そうです。映画によって思いがけない興味を引き出されて、中にはそこからその世界に入り込んでいってしまう人がいてもいいと思うんですけど、そういうことを繰り返していくのが映画を上映するという仕事の面白さでもあるなと。

坂本　映画もある意味不純な部分やハイブリッドな部分を持っていて、映画に入っていくことで様々な芸術形態や知識、歴史に出会うというのは一つの醍醐味ですよね。

小笠原　寺尾さんもフランス語圏の人だから、坂本さんも一緒にお仕事をいろいろされているのではないですか？

坂本　そうですね。すごくシネフィルで映画好きな方なので、ここぞという時は必ず観ていらっしゃる。「これ、もし字幕付けるなら絶対俺に頼んでね」とおっしゃったり、やはり好きな作品を手掛けたいという想いがすごく強い方ですね。これもポワロウさんの感想なんですけれど、彼は寺尾さんと昔から親交があるのですが、寺尾さんは日本ではある意味、字幕界のスターというか寺尾次郎訳みたいなブランドになるじゃないですか。これもフランスではあり得ないと言ってビックリしていました。普通は字幕の制作会社名が出る程度でしょう？　文学作品なら誰が訳

トーク。寺尾次郎（右）と田井肇（聞き手）

したから読むというのはフランスでもありますが、映画の字幕を誰がしていると名前が出る、しかもその人の訳だから観たいと。新訳だから観たいというのではない。それほど日本は字幕に対して特別に捉えていて、字数や意味をすごく丁寧に訳されているということを向こうとの違いで感じます。

宮嵜　資料として、寺尾さんが字幕を手がけた作品リストが配布されたけれど、僕たちが上映した映画ばっかりだったよね。

小笠原　彼は配給や買い付けや宣伝もしたり、映画のトータルな流れというのをほとんど体験として持っている人だから。単に語学的に字幕を作るという技術だけではなく、映画を熟知している。映画界の表と裏もね。そういうところは大きいですよね。それに彼の人生も全て反映しているわけですよ。だからある意味では小説を書くようなものが哲学としてある。それがやっぱり字幕の醍醐味になるんですね。

あしたの映画館のすがた——続・ミニシアターの20年

小笠原　最後に、あしたの映画館、上映者の姿とミニシアターの20年をどう捉えたかというのが一つのとどめになるわけですが、これはいかがでしたか？

宮嵜　僕たちは映画をやっていて、ついこの間まで、文化なんて一言も口にしない興行でしたよね。文化と堂々と言えるようになったのは最近で、13年の文化振興で国民の一翼を担うものの一つだとお題目にしてくれたから文化と言えるようになった。

平野　やっぱり上映ってお客さんが入った時ってめちゃくちゃ嬉しいわけじゃないですか。おそらくお金よりも、こんなにたくさんの人が来てくれて観てくれて嬉しいみたいなことじゃない？　その連続性の先に上映を続けるとか映画館を作るとか様々な映画の場を作るみたいなことがあると思う。それを興行というなら興行だけど、文化といってもいいと思いますね。

ディスカッション（原田健秀、水野昌光、林未来、木下繁貴、北條誠人）

小笠原　坂本さんの立場では上映ということをどう考えますか？　映画館とはまた条件の違いもあるわけですから。

坂本　劇場でもう一度観たいという時に、映画館とは違う形で私たちがやっていることの特色として、テーマ別に作品を上映するというのがあります。例えば青春映画とかアクション映画、フィルムノワール特集とか。フランス映画だけに限らず、ヨーロッパ作品とか、たまにはアメリカ、日本映画も入れて、公開していた時とは違う形で作品を見せるような場にできたらなと。そうすることで作品の命を繋げていければいいなと思いますね。やっぱり作品は上映されてナンボだと思うし、樋口さんもおっしゃっていたように観ることがつくることになると思うので。最終的に映画がつくられるというのはそこまでのことだと思うのです。だから理想的には、皆さんもそう思っていらっしゃると思うんですけれども、上映はやっぱりライブというか、一回一回が作品と観客との出会いを作る場だと思っているのでその気持ちは忘れないようにしたいですね。

平野　ユーロスペースの北條さんとも「劇場力」ということについて話したんですけど、駅前にあって、席数がこれだけで……という物理的な側面ももちろんあるけれども、結局は人間の力でしょうと。関西の映画館が連携を取っていたり、シネマ尾道の河本さんが作品によってはオーガニックのお店と提携して宣伝していたりという話題も紹介されましたが、地域でコミュニケーションを積み重ねてやっていくこともミニシアターの財産ですし、これもまた劇場力＝人間の力だなぁと思いましたね。

坂本　息子の話を聞いていると、今は案外フッと出会える場が少なくなっているみたいです。みんな自分たちの世界に入っていて。だから息子にとって映画館は、偶然誰かに出会える場所ですごく大事だと。そういう意味では映画館は本当にもってこいの場所ですね。

小笠原　劇場力と映画力の2つが同時に出会って、結びついていないと良い意味で発展していかないということなのでしょうね。あとはコミュニティシネマがどうプレゼンテーションして、どんなインフォメーションにするか、それがムーヴメントを起こしリアクションを導く。今の若い子たちはいろいろな自分たちの娯楽というものがあるから、映画はその一つに過ぎないわけでしょう。

坂本　メディアリテラシーというのはすごく大きいと思うので、フランスのように子どもの頃から映画を文化として観ることは重要だと思います。だからポワロウさんがアクションを起こしてほしいとおっしゃっていたように、この国の分からず屋の人たちに、無駄と思わないで、私たちもアクションを起こし続けた方がいいですよね。

［2017年10月5日　渋谷ユーロスペースにて］

宮嵜善文（みやざき・よしふみ）
松本シネマセレクト理事長

1961年、長野県出身。地元である長野県松本市の映画館でさまざまな形で自主上映を開催。89年より定期的な自主上映会「松本CINEMAセレクト」を一人で運営するが、2004年に上映会場として借りていた映画館・松本中劇が閉館し、その後上映会場となっていた松本エンギザも閉館。06年NPO法人コミュニティシネマ松本CINEMAセレクトを設立し、上映活動を再開する。現在は公共施設を借りて年間100作品ほど上映会を開催している。古典から最新の自主制作作品まで幅広く作品からプログラムを組む。

坂本安美（さかもと・あび）
アンスティチュ・フランセ日本　映画プログラム主任

東京出身。慶應義塾大学法学部卒業。「カイエ・デュ・シネマ・ジャポン」誌元編集委員。1996年より東京日仏学院（現アンスティチュ・フランセ東京）にて映画プログラム主任を担当し、さまざまな映画上映の企画・運営を手がける。フランスから多くの監督、俳優、映画批評家らを招聘し、日本では上映の機会があまりない作品を中心に紹介しながら、上映と批評との関係、国境を越えたアーティスト、書き手の交流についてつねに模索している。2012年にはロカルノ国際映画祭にてOpera Prima（新人部門）の審査員、14年のカンヌ国際映画祭では「批評家週間短編作品部門」の審査員を務めた。著書に「エドワード・ヤン 再考／再見」（共著、フィルムアート社）などがある。

平野勇治（ひらの・ゆうじ）
名古屋シネマテーク支配人

1961年、愛知県名古屋市生まれ。南山大学卒業。大学在学時から自主上映団体「ナゴヤシネアスト」の活動にスタッフとして参加。卒業後は、ナゴヤシネアストが82年に設立したミニシアター「名古屋シネマテーク」の代表・倉本徹氏に「電話番でもしてみるか」と誘われて同館の専従スタッフとなり、まだ名古屋では上映の少なかった作家性や個性の強い映画作品を多数上映。87年からは支配人を務める。93年から2002年まで愛知芸術文化センターオリジナル映像制作作家選定委員を務めた。

横浜の映画人

藤竜也

Fuji Tatsuya

取材・文＝小林幸江　撮影＝海保竜平

藤竜也（ふじ・たつや）／俳優

1941年、北京生まれ、横浜育ち。日本大学芸術学部演劇学科在学中にスカウトされ日活に入社。62年に映画『望郷の海』でデビューし、アクション映画を中心に数々の作品に出演。フリー転身後の73年、大ヒットドラマ『時間ですよ』に出演しお茶の間の人気を得る。主演した日仏合作映画『愛のコリーダ』（76）では国内外で大きな注目を集めた。悪役からコメディまで幅広い役柄をこなし、若手監督の作品にも意欲的に出演。今後の公開作品に『CHEN LIANG（チェン・リャン）』（18年秋公開予定）、『東の狼』（18年2月公開予定）など。

日本を代表するクラシックホテル、ホテルニューグランドにて。藤竜也さんにとってニューグランドは石原裕次郎さんとともによく訪れた思い出の場所。また、藤さんはホテル内のバー シーガーディアンIIの常連でもあるという。

映画館へ向かう道は いつもスキップしていたね

―日活俳優時代の一時期を除いて、幼少期から現在まで横浜にお住まいですが、まず、子どもの頃はどのあたりが活動エリアだったのですか。

藤　いちばん長く住んでいたのが西戸部なんですよ。そこから伊勢佐木町を通って山下公園のあたりまではよく来ました。

―当時は戦後ですから、街の風景は……。

藤　ほとんどフラット。松坂屋や湘南デパートといった鉄筋のビルディングがいくつか残っているだけで、ほかは焼けてしまいました。掘っ立て小屋がたくさんあり、露店でさまざまな物が売っていて、日本人や米兵が行き交うエキゾチックな風景の中を歩くのが楽しかった。子どもたちの間で「鉄を拾うと金になる」という噂があり、よく鉄を探してウロウロしましたよ。実際には売り方も知らないのだけど宝探しの気分でね。

―映画を観た記憶は？

藤　ジョニー・ワイズミュラーの『ターザン』を父と一緒に観たのが生まれて初めての映画でした。伊勢佐木町にあったオデヲン座か、オクタゴン劇場（オデヲン座の接収時の名称）だったか……。映画館は満杯で、父の肩に乗って観ました。初めて一人で映画を観たのは小学生の頃、日ノ出町の光音座で『真紅の盗賊』。それを皮切りに一人でどんどん観に行くようになりました。藤棚、日ノ出町、伊勢佐木町。馬車道にあった東宝会館にもしょっちゅう行きましたね。映画に行く時は嬉しくて、いつもスキップしていました。

「君には何もない」その一言が俳優人生の起点

——大学在学中にスカウトされて俳優の道に進むわけですが、大部屋俳優からのスタートだったそうですね。

藤　僕にとっては、それが俳優として長生きできた要因です。たくさん悔しい思いをしたことが糧になりました。何も知らないところから始めて一つずつ役をもらいながら現場で仕事を覚えていきました。映画会社の俳優って、誰も演技を教えることなんかしないんですから。

——大部屋に多くの俳優がいるなかで、前に出ていくために努力していたことはありますか。

藤　監督の鈴木清順さんが、俳優に評判が良かったんですよ。彼の作品に出ると俳優が活かされるという声をよく聞きました。だから日本酒1本ぶら下げて鈴木さんの自宅へ行き「藤竜也という者ですが、先生、使ってください」とお願いしたんです。すると鈴木さんは「君には何もないんだよな」とおっしゃった。僕には使いたいと思わせる何かがない、空っぽだというわけ。

——キツイですね。

藤　いや、そのおかげで僕は今まで俳優を続けることができました。そこから「何かとは何だ?」という旅が始まったのです。今でも鈴木さんは僕の恩人です。

——その後、鈴木監督の作品に出ることは?

藤　『俺に賭けた奴ら』で使ってくれたけど、それはほんの端役でね。僕は10年間日活にいたけれど、撮影所が閉鎖してフリーになり、その後に出演したドラマ『時間ですよ』で人気が出て街を歩けないほどになりました。そんなある日、鈴木先生からオファーが来たんです。『ツィゴイネルワイゼン』で藤田敏八さんが演じた役。ところが僕はドラマの撮影予定がすでに入っていました。

——『ツィゴイネルワイゼン』も名高い作品ですね。しかし出演はされなかった。

藤　日活時代、俳優には最低保証金という拘束料のようなお金が支払われました。上限があり、石原裕次郎さんでも10万円だったから形だけのものだけれど、それをもらう以上、僕は会社に何をやれと言われても嫌と言ったことはありませんでした。日活を出る時に固く決意したのは、自分の決めたもの以外はやらない、2本同時にはやらない。僕には「何もない」のだから1本1本を大切に演じていくしかないのです。それは鈴木さんから教わったこと。その鈴木さんからいよいよオファーが来たけれど、2本はやらないと決めていたからお断りしてしまったのです。

大センセーションを巻き起こした『愛のコリーダ』出演裏話

——藤さんが日活にいた1960年代は、撮影所体制が崩れていった時期。内部でもその空気は感じていましたか?

藤　いや、元気がないのは財政面だけでね。僕が日活に入った頃には、おそらく予算の関係だと思いますが、スター俳優や大御所監督の出番が減って、代わりに藤田敏八さん、長谷部安春さんら若手監督たちが撮り始めたのです。そこへギャラが安い僕らも参加しました。映画を作ったって客は入らないのだから、どうせなら面白いものを作ってやろうというアナーキーな空気がありました。新しい時代の芽吹きを感じていましたよ。

——フリー転身後、ドラマで知名度が高くなったころに『愛のコリーダ』に出演。阿部定事件をモチーフにした作品で、ハードなセックスシーンが多く社会から大注目を集めました。

藤　36歳くらいの頃、崔洋一さんから「大島渚監督に会ってくれないか」と電話がかかってきたんです。赤坂の事務所に行くと台本を渡され「今ここで読んでください」。後で知ったのですが制作スケジュールがギリギリだったんですね。台本を読んだあと、プロデューサーの若松孝二さんに「即答というのもなんだから飲みに行きませんか」と言われ、新宿ゴールデン街の唯尼庵《ゆにあん》という店に行きました。実は、内心すごくいい話だと思っていました。性という切り口で書いているけれど、僕には美しい恋愛話に感じたのです。ただ、なにしろセックスシーンばかりだから、本当にやるのかなあと。それで返事をしないまま、若松さんも聞かないまま、ずーっと飲んでいました。早朝3時ころになって、しびれを切らしたのでしょう、若松さんが「藤さん、やってくれますか」と聞いてきたから、売り言葉に買い言葉で「やらないならこんな朝まで飲んでいませんよ」と返しました。僕もどこかで声をかけてもらいたかったんですね。そしたらその日に制作発表。

――かなり切羽詰まったスケジュールだったのですね。

藤　そうです。でも、あれをやらないのは俳優としてバカだと思いました。もしここで、例えばセックスシーンが怖いとか、社会に糾弾されるのが怖いとかいう理由でやらなかったら、その傷は一生残るのです。本当に僕には何もないということになってしまう。いい話だと直感したのだから（俳優生命が）終わってもやらなきゃダメだと。

――国内外で高い評価を受けましたが、性描写が多いことで賛否両論ありましたね。ご自身はどう感じていましたか。

藤　すがすがしいものですよ。はじめのうちはみんな「次の作品は何ですか」と聞いてくるけど、1、2年経つと誰も聞けなくなってきて、それでも僕は「ＯＫ！」という気分。毎日スポーツクラブへ行ってスカッシュをやっていました。おかげでスカッシュ選手として食えるんじゃないかってくらい上達したね。そのあとにまた大島監督の『愛の亡霊』に出たのですが、それから1年くらい経ったころに、なんとＮＨＫから『冬の虹』という連続ドラマの主役が来たんです。

――ＮＨＫから！　完全なる社会復帰ですね。

藤　勝った、これで良かったんだ！と、最高に嬉しかったですね。

撮影中の昼休み、石原裕次郎さんとニューグランドでシェリー酒を

――横浜での撮影時のエピソードがあれば聞かせてください。

藤　『嵐の勇者たち』というオールスター映画の撮影場所が氷川丸だったので、昼休みに裕次郎さんとホテルニューグランドに来ましてね、シェリー酒を1本空けました。撮影の合間の昼休みの1時間で。当時の俳優は昼間から酒を飲むのは珍しくなかったんですよ。それにしてもシェリー酒1本はね（笑）。

――18年公開予定の映画『チェン・リャン』が進行中とのことですが、藤さんの役どころは。

藤　山形の蕎麦屋のおやじです。共演するのは中国のルー・ユーライさんというムードのある俳優。僕の役作りは、基本的にはきちんと蕎麦が打てるようになること。蕎麦を打てるようになれば演技は後から付いてくるはずですから。師匠が2人ついて、土日もなく毎日毎日蕎麦打ちの練習。300人前は打ったんじゃないかな。だから僕の蕎麦打ち姿をぜひ観てほしいですね。

［2017年9月25日　ホテルニューグランドにて］

『東の狼』
2018年2月公開予定
監督：カルロス・M・キンテラ／出演：藤 竜也、大西信満、ほか

猟師会会長を務めるアキラは、幻のニホンオオカミに執着するあまり、猟師会の資金を使い込み、仕事も仲間も失ってしまう。そして孤独の中で取り憑かれたようにニホンオオカミを求め、森へ深く入り込んでいくのだった。

『CHEN LIANG（チェン・リャン）』
2018年秋公開予定
監督：近浦啓／出演：ルー・ユーライ、藤竜也、赤坂沙世、松本紀保、ほか

失踪した中国人研修生の姿を描く日中仏合作映画。中国から日本へ働きに来たチェン・リャンは過酷な就労現場に絶望し研修先企業から姿を消す。借金だけが残り不法滞在の身となった彼は、度重なる挫折に苦しみながらも、身元を偽って山形の小さな蕎麦屋で働き始め、店主や町の人々との交流を通じて成長していく。

余 貴美子

Yo Kimiko

取材・文＝小林幸江

余 貴美子（よ・きみこ）／女優

1956年生まれ。劇団オンシアター自由劇場、東京壱組を経て、映画、テレビへと活動の場を広げる。2008年第63回毎日映画コンクール田中絹代賞受賞、また同年『おくりびと』、09年『ディア・ドクター』で日本アカデミー賞最優秀助演女優賞を2年連続受賞など受賞歴多数。近年の出演作に、映画『繕い裁つ人』（15）、『シン・ゴジラ』（16）、『後妻業の女』（16）、『リング・サイドストーリー』（17）など、テレビではNHK連続テレビ小説『半分、青い。』（18年4月より）に出演。

映画『禅と骨』

図書館からストリップ小屋まで 何でもありの街が好きだった

――余さんは、東京生まれの横浜育ちですね。

余　とても小さい頃に東京から横浜に引っ越したので、記憶は横浜しかないのです。以来、結婚して都内に移るまでの50年近く横浜で暮らしました。はじめに住んだのは御所山という町で、遊び場は掃部山公園。公園の池が凍ると氷の上に乗って遊んで、池にはまったりね。山下公園まで、貨物列車が走っていた時代です。

――映画館に映画を観に行くことは？

余　よく行きましたよ。映画を観に行くなら日ノ出町、関内、伊勢佐木町。自宅があった戸部から路面電車に乗って出かけました。映画を観るときは日ノ出町の角にあった不二家レストランでソフトクリームとホットケーキを食べるのが定番でして、私の中で映画と不二家はセットでした。

――当時よく行ったのはなんという映画館？

余　それはちょっと記憶がないのです。伊勢佐木町あたりには本当にたくさんの映画館がありましたから。現代のようにヨーロッパをはじめ世界各国の映画はほとんどなく、上映されていたのは日本映画かディズニーなどのアメリカ映画でした。子供はいくらだったかなあ、２５０円や３００円、そのくらいのお小遣いを持って『大魔神』などを観に行きました。

――小さい頃は、映画館にはご両親と一緒に？

余　映画好きの叔母や、母と一緒に観に行きました。母と観たのは『メリー・ポピンズ』。「スーパーカリフラジリスティックエクスピアリドーシャス」という……。

――え、なんですか、それは？

余　メリー・ポピンズが言うおまじないの言葉です。『メリー・ポピンズ』を観たのは一回きりなんですけど、今でもちゃんと覚えているんです。すごいでしょ？　そんな子どもの頃の記憶をいまだに覚えていて言えるのですから。

――一人で映画を観に行くようになってからは、どんな作品を？

余　私たちの学生時代はデートと言えばビリヤードか映画で、『ローマの休日』や『小さな恋のメロディ』といったロマンティックなものを観に行くのが定番でした。映画は日常の娯楽でしたから、デートだけでなく友達同士でも、自分ひとりでも観に行きましたよ。つい先日、『禅と骨』という映画の舞台挨拶で伊勢佐木町にある横浜ニューテアトルにうかがったのですが、そこがまだ「テアトル横浜」という名だった時に『ソドムの市』や『デカメロン』を観たことを思い出しました。そういう暗くてディープな作品が好きでしたね。映画館って、映画のストーリーだけでなく、当時のことをまるごと思い出すから不思議です。そのとき感じた切ない感情や、こんな出来事があったという記憶が、物語とともに思い出される。昔の映画館には、映画を観るためだけではなくただ時間を潰している人、寝ている人、いろんな人が集まっていました。煙草の煙も充満していて、大人の雰囲気でした。

――聞いた話だと、黄金町あたりはかつて治安があまり良くなかったので、女性が映画を観に来ることは少なかったらしいのです。子ども向け映画をやるような映画館は別としても、怖いとか入りづらいと感じることはなかったのですか。

余　全然思わなかったです。そんなにカワイイ子じゃなかったですし、映画はどこも繁盛していましたから。街には動物園や図書館もあればストリップ小屋もあって、何でもありのその空気を楽しんでいました。

――今でも映画館で映画を観ることも？

余　今は東京住まいですから都内の映画館になりますね。でも、やっぱり最初にいた環境に体がなじむのか、きれいな映画館は落ち着かなくて……。歌舞伎町にあった新宿ミラノ座が好きでよく行っていたのですけれど、閉館してしまったでしょ。それからは映画館から足が遠のいてしまいました。

「なんだこれは!?」という驚きが芝居を始めるきっかけに

――女優を志したきっかけは？

余　演じたいというより、その世界の中に入って行きたいという気持ちだったと思います。映画って、もはや作り物じゃないみたいに登場人物のことが記憶に残ったり、本当に見えたりするじゃないですか。私は「なんだこれは!?」というものに惹かれるんです。そういう驚きがお芝居を始めるきっかけになったと思います。でも最初は映像ではなく演劇から入ったのですけれどね。

――20歳の頃にオンシアター自由劇場へ入団したのが、お芝居のスタート。

余　初めてみた舞台が自由劇場で、私にとってアングラ演劇でした。映像と演劇が違う事すら考えもしないほど無知で、ただおもしろそうなものを追いかけて行ったら……という感じです。（自由劇場を見て）「なんだこの地下劇場は！」と当時思ったのかもしれないですね。映画もそうですけど、舞台の場合も、芝居そのものよりも小屋をよく覚えていることがあります。自由劇場は、地下に続く階段があって、暗闇で、劇場の椅子が固く、いつもお客さんが酸欠で救急車で運ばれていました。

――映像の世界に進んだのは、（自由劇場を退団した後に結成した）東京壱組の解散がきっかけ？

余　いえ、東京壱組は自由な集団だったので、解散前からみんなやりたいことをやっていました。映画の現場でフィルムを回している姿ってかっこいいでしょ？　私もその現場にいたいなあと思いましたし、まわりにも映画の世界へ行きたいと考えている役者が多かったので、私がまとめてマネジメントして売り込みをかけようと考えたんですよ。まあ、そんなに簡単にうまくいくはずもなく、私も含めてみんなそれぞれの事務所に所属することになって今に至るわけです。

――神代辰巳監督『噛む女』で本格的にスクリーンデビューをなさいました。この話が決まった時のお気持ちは?

余　舞台も並行していたので、とにかくやることがたくさんあって、とりわけ悩んだとか感動したとか、そういう記憶はないのです。ただ、周りの人たちがおもしろかった。神代監督は音を録る時、録音部に「なるべく聞こえないようにガサガサしろ」と言うんです。普通、声が鮮明に聞こえなかったら録り直しでしょう。でも「人間はそんな風にはしゃべらない」と。人間をよく観察する事が勉強になりましたし、私が全然思いもしなかったことを言ったり行動したりする人たちがたくさんいて、おもしろいなあと思っていました。

現場が好き！ ずっと現場にいたい、それだけ

――先ほどおっしゃった『禅と骨』はドキュメンタリー映画ですが、ドラマパートに余さんも出演なさっています。演じたのは主人公の禅僧ヘンリ・ミトワさんの母、こうさん。こうさんも横浜の方ですから、ハマッ子である余さんと姿が重なったと、中村高寛監督が話していました。

余　出演の話をいただく前から（横浜の文化人が集まる）パーティで中村監督のことは知っていて、応援していたんですよ。『禅と骨』は中村監督にとって11年ぶり、8年がかりの新作でしょう。私だけでなく周囲の人がみんな中村監督を応援していたし、巻き込まれていました。出演することになった時、映画に全く関係のない人たちから「監督をよろしくお願いします」ってメールが来るんですから。

――こうさんは一般人で資料が少なかったと思いますが、役作りはどのように?

余　ヘンリさんの著書を読んで参考にしました。古本で購入したところ、その本が偶然ヘンリさんのサイン本で、しかも関連記事がたくさん挟んであったのです。中村監督に見せたら「この記事は見たことがない！」と驚いていました。たまたま買った本の中に膨大な情報が入っていたんです。

――偶然にもとても貴重な本だったのですね。

余　そうですね。そんな偶然もありましたし、私が演じたのは横浜のシーンでしたから、シナリオの中に出てくる場所は全て私も歩いたことがある場所。こうさんの生活を想像することは難しくありませんでした。

――今後どんな作品に出ていきたいですか。

余　何がやりたいというのはないのです。ただ現場が好きで、現場の人と話をしているだけで楽しい。ずっと現場にいられたらいいなと思います。

［2017年9月15日 渋谷アルファエージェンシーにて］

舞台『チャフラスカの犬』1994年東京壱組

舞台『大漫才』1987年東京壱組

映画『禅と骨』

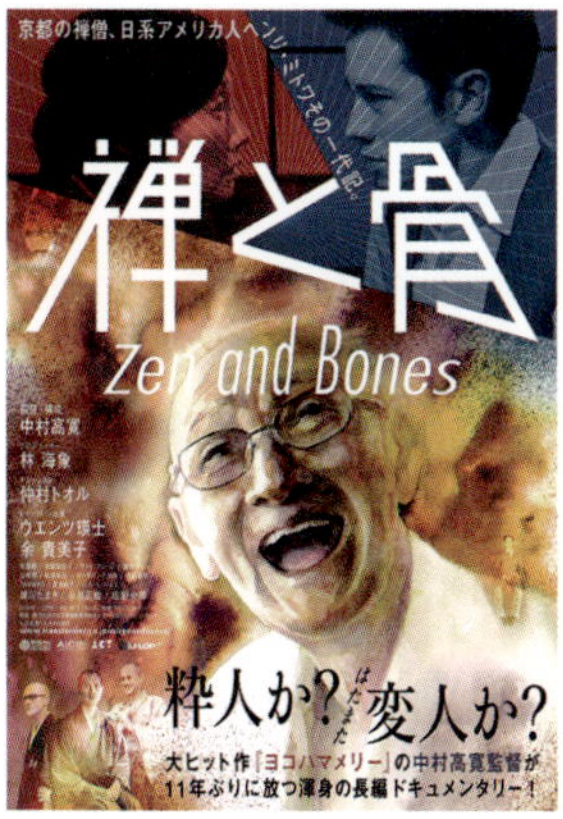

『禅と骨』 全国順次公開中

監督：中村高寛／ドラマパート出演：ウエンツ瑛士、余 貴美子、ほか／配給：トランスフォーマー

横浜出身の日系アメリカ人禅僧、ヘンリ・ミトワを追うドキュメンタリー。茶道、陶芸などにも優れた才能を発揮した文化人だが、80歳を目前にして突如「映画を作りたい」という夢を抱き、家族や周辺の人々を巻き込んでいく。ドラマやアニメのパートも盛り込んだ異色作。余 貴美子さんはドラマパートにヘンリの母親役で出演。

©大丈夫・人人FILMS

柳英里紗

Yanagi Elisa

取材・文＝小林幸江　撮影＝海保竜平

柳英里紗（やなぎ・えりさ）／女優

1990年、両親の「子どもが二重国籍だったら面白い」という発想からハワイで生まれ、4ヶ月で日本へ。その後は横浜で育つ。幼少期より読者モデルを務め、映画やテレビにも活躍の場を広げる。2000年『金髪の草原』で映画初出演。主な出演作は映画『天然コケッコー』(07)、『シン・ゴジラ』(16)、『くも漫。』(17)、テレビ『八重の桜』(13)、『吉祥寺だけが住みたい街ですか？』(17)、ネット配信『代償』(hulu・16)など。メジャー作品から自主製作作品まで意欲的に出演し、体当たりの演技で注目を集める。最新作『おじいちゃん、死んじゃったって。』が公開中。

モデルとは違う映画の現場
大人と対等な扱いが嬉しかった

――19歳まで綱島に住んでいたのですね。横浜で映画を観た思い出があれば教えてください。

柳　父が大の映画好きで、初めて連れて行ってもらったのは綱島映画という映画館。父は無口なタイプですが、映画を観ている時は笑ったり喋ったりするんです。父のそういう姿が見たくて、毎週、父の自転車の後ろのカゴに乗って映画を観に行きました。

――どんな映画を観ましたか。

柳　それが父の顔しか覚えていないんです。たぶんスクリーンではなく、ずっと隣にいる父の顔を見上げていたのでしょうね。

――柳さんの芸歴は長くて、0歳からモデルをしていたと。

柳　はい。子供服デザイナーだった母の服を着て雑誌に出たのがきっかけで読者モデルになり、小学校低学年で芸能事務所に入って映画にも出るようになりました。

――スクリーンデビューは犬童一心監督の『金髪の草原』(00)。

柳　初めての映画の現場は楽しかったですね。モデルの仕事では、ポーズをとって写真が撮れたら褒められてハイ終わり、という感じだったのですが、映画では犬童監督が対等な立場で話してくれたので、驚いたし嬉しかった。伊勢谷友介さんが飛び降りるところを私が眺めているシーンがあるんですよ。監督は「英里紗ちゃん、自殺って自分から死ぬことだよ。伊勢谷くんは今飛び降りようとしているけど、死んでほしくないよね。〝死んでほしくない〟に代わる言葉が〝飛べ〟なんだ。空を飛べ！って英里紗ちゃんは思うんだ。そういうセリフを言えるかな」と、そんなふうに説明してくださいました。

映画館に行けば柳英里紗がいるかも！

——ほかに思い入れ深い作品はありますか。

柳　山下敦弘監督の『天然コケッコー』（07）ですね。16歳でこの作品に出会い、私は映画をやっていきたいと思いました。この作品のオーディションを受けた頃、私は仕事を辞めようか悩んでいた時期でした。幼い頃から仕事が忙しく、月に1日も小学校に通えないこともあったので、中学校はちゃんと学校に行きたかったんですよ。そういう時期に事務所から『天然コケッコー』のオーディションを受けてみないかと言われて、受かったら続けよう、落ちたら辞めようと心に決めたんです。ところが受けたものの、なかなか合否が来ず、全然辞められなかった（笑）。返事がないから落ちたのかなあと思った頃に「もう一度来てください」と呼ばれ、その2ヶ月後にまた呼ばれて……の繰り返しで1年近く。でも、毎回ドキドキしながら課題の演技をしているうちにお芝居って面白いなと思い始めたんです。いい経験ができたから落ちても悔いはないと考えていたら、合格の連絡が来ました。撮影は生まれて初めて2ヶ月間の地方ロケ。小学生から大人までたくさんの人が映画のことだけ考えて、一つのものを作ろうとしていて感銘を受けました。

——それからは女優として突き進んできたのですね。

柳　19歳の時にアルバイトをしてみたくて、一度事務所を辞めてフリーになりました。映画を辞めるつもりはなかったので、自主製作や学生の卒業制作などなんでも出ていたら、低予算でも出る女優がいるとすぐに話が広まってたくさんオファーが来て、めちゃくちゃ多忙でしたね。しかもバイト先が飯田橋の日仏学院（現アンスティチュ・フランセ東京）内のカフェで、私は知らなかったのですが映画関係者がよく利用する店だったんです。併設された図書館ではフランス映画が観放題だし、バイトや出演した自主映画の関係で映画関係者の知り合いは増えるし、フリーなのに大きい役をもらうこともあり、自分の意図とは裏腹にどんどん映画に関わるようになったので、ちゃんと事務所に入り直そうと思ってこの業界に戻ってきました。

——今も映画館に映画を観に行くことはありますか？

柳　あります！親友の前田敦子ちゃんと一緒に行くこともありますよ。私は自主映画にたくさん出てきたので、どうしたら映画館に人を呼べるかということをいつも考えています。それを行動に移したのが21歳の時。銀座シネパトスで上映された出演作『惑星のかけら』（11）を一観客として観て、上映後に周りのお客さんに話しかけるという自分イベントをやったんですよ。劇場に断りもなく「柳英里紗です、映画どうでしたか？」って。驚いて逃げる人もいれば、ちゃんと感想を言ってくれる人もいて、すごく面白かった。SNSではなく、映画を観た後の生の声が聞きたくて、今でもたまに同じことをしています。映画館に行けば柳がいるかもと思ってもらえたら楽しいかなって。

［2017年9月21日　横浜シネマ・ジャック&ベティにて］

『おじいちゃん、死んじゃったって。』
2017年11月4日全国公開
監督：森ガキ侑大／出演：岸井ゆきの、ほか
配給：マグネタイズ／松竹メディア事業部
祖父の葬儀をきっかけにそれぞれの事情を抱えた家族たちが久しぶりに顔を揃え、本当の家族として未来へと踏み出していくホームドラマ。CM業界若手No.1として数々の演出を手がける森ガキ侑大監督の長編デビュー映画。
©2017「おじいちゃん、死んじゃったって。」製作委員会

須藤理彩

Sudou Risa

取材・文＝小林幸江

映画『茅ヶ崎物語〜MY LITTLE HOMETOWN〜』より

須藤理彩（すどう・りさ）／女優

1976年、横浜市旭区生まれ。98年、NHK連続テレビ小説『天うらら』でドラマ初主演。その後もドラマ『救命病棟24時』（フジテレビ系）、『利家とまつ』（NHK）などに出演。また、舞台、映画、CMなど幅広く活躍しており、99年に野田秀樹演出の舞台NODA・MAP『カノン』に出演。2003年には『ハート・オブ・ザ・シー』（錦織良成監督）で映画初主演を務めた。近年の出演作に映画『続・深夜食堂』（16）、『茅ヶ崎物語〜MY LITTLE HOMETOWN〜』（17）、ドラマ『母になる』（日本テレビ）、舞台『娼年』（16）など。

映画は父と一緒に楽しめる唯一の趣味でした

—須藤さんは横浜市旭区のご出身で、21歳頃まで横浜住まいだったそうですが、当時よく行った映画館は？

須藤　横浜駅の相鉄ムービル（現ムービル）です。シネコンはまだなかったので、相鉄ムービルがあのあたりでいちばん大きな映画館でした。横浜駅周辺で観たい映画がやっていなければ関内のほうへ行って……関内で大きな映画館はどこだったかな。

—2011年に閉館した東宝会館でしょうか。昔と比べて、関内周辺の映画館はかなり少なくなりました。

須藤　寂しいですね。私が初めて映画館で観たのは『E.T.』(82)で、父にせがんで連れて行ってもらいました。父は仕事人間で忙しかったので、「遊びに連れて行って」と言える雰囲気ではなかったのですが、その時は喜んで付いてきてくれたんです。初めて娘からお願いされたのが嬉しかったのかもしれません。『E.T.』をきっかけに「映画は父が連れて行ってくれるもの」になりました。時には劇場でジャッキー・チェンとブルース・リーの3本立てを観て、帰ってまたブルース・リーのビデオを観るという映画三昧の日もあり、楽しかったですね。

—現在はプライベートで映画を観に行くことは？

須藤　今は映画を純粋に楽しめなくなってしまって。（女優として）勉強の時間になってしまうし、いい作品だったら悔しくなってしまう。唯一、客観的に楽しめるジャンルはアニメです。今までアニメは観てこなかったのですが、長女を産んでから初めて『となりのトトロ』（88）を観てジブリにハマりました。最近観たのはジブリのスタッフだった米林宏昌監督の『メアリと魔女の花』（17）。ジブリのエッセンスがちりばめられた物語のあとに、エンドクレジットで宮崎駿さん、鈴木敏夫さん、高畑勲さんの名前を見た瞬間に号泣してしまいました。小さい頃はエンドクレジットなんて見ませんでしたけれど、大人になってからはクレジットにも作り手の想いを感じるようになりましたね。

『天うらら』の影響で女子がなりたい職業第1位に「大工」

—19歳の頃、アミューズの「100時間オーディション」を経てデビュー。もともと女優路線が決まっていたのですか。

須藤　いえ、そのオーディションがかなり実践的で、半年かけてレッスンを受けながら実際の仕事のオーディションに応募していくというものでした。リポーターや番組アシスタントなどさまざまなオーディションを受けたのですが、CMやドラマの端役といった演技の仕事に引っ掛かることが多かったんです。いちばん大きな仕事がNHKの主役でしたけれど、その直前まで深夜バラエティにも出ていました。

—98年のNHK連続テレビ小説『天うらら』で主演に決まった時のお気持ちは。

須藤　全く実感がありませんでしたね。放映が始まっても、自分は撮影に追われてオンエアを観られず、3ヶ月ほどしてから電車の中で「ねぇねぇ、観てるわよ！」と声をかけられて初めて影響力の大きさを知りました。その年テレビでニュースステーションを観ていたら、女の子のなりたい職業第1位が「大工」だと久米宏さんが言っていて。

—『天うらら』で須藤さんが演じたのが大工職人を目指す女の子でしたね。

須藤　「久米さんが私の名前を言っている！」とビックリしたのを覚えています。その後出演したドラマ『救命病棟24時』シリーズでも「ドラマを観て看護師になりました」という手紙をいただくことがすごく多かったんです。その職業になりたいと思えるような役ができたのは、役者をやっていて幸せなことです。

—9月に全国公開された『茅ヶ崎物語～MY LITTLE HOMETOWN～』にはどんな役どころでご出演を？

須藤　『茅ヶ崎物語』はもともと桑田佳祐さんの還暦のお祝いのためだけに作られた映画なんです。桑田さんへのバースデイプレゼント。それではもったいないということでロードショー向けに作り直された作品です。なぜ茅ヶ崎という地から多くの音楽人が生まれるのかを掘り下げたドキュメンタリーで、後半にドラマパートがあり、私はそこに出演しています。若き頃の桑田さんが演奏前にガチガチに緊張しているところへ、私が演じる裸弁天という神様のような存在が幻として登場します。

［2017年9月29日　虎ノ門にて］

『茅ヶ崎物語～MY LITTLE HOMETOWN～』
全国順次公開中
http://tales-of-chigasaki.com/

監督：熊坂出／出演：宮治淳一、中沢新一、加山雄三、萩原健太、小倉久寛、神木隆之介、野村周平、賀来賢人、須藤理彩、安田顕、桑田佳祐／配給：ライブ・ビューイング・ジャパン

人類学者・中沢新一による茅ヶ崎アースダイブや加山雄三へのインタビューなどからなるドキュメンタリーシーン、洋楽ポップスのプロモーター・宮治淳一と桑田の学生時代を再現したドラマなど、さまざまなアプローチで〝芸能の地〟茅ヶ崎の秘密を探っていくドキュメント×ファンタジー=ドキュファ的音楽探訪記。第6回茅ヶ崎映画祭で初披露され17年9月より全国公開、また出演者でもある桑田佳祐の全国ツアー「がらくた」（10月より）に帯同する形で拡大公開。

©2017 Tales of CHIGASAKI film committee

J&M Gallery

Vol.3 山岸丈二 *Photography*

街角から再び！〈写真で見る映画館ビジュアル風景〉

山岸丈二（やまぎし・じょうじ）

1970年、東京都生まれ。写真家、横浜映画研究家。普段は会社員。2007年、シネマ・ジャック&ベティの再建にボランティアとして参加。同館の横浜映画特集などの作品選定にも協力し、横浜みなと映画祭の実行委員を務める。横浜の街を歩き、失われる街角を写真に収め、裏町を探訪し歴史を掘り起こすとともに、横浜で撮影した映画のロケ地探訪をライフワークとしている。17年10月に初の個展である写真展「横濱 失われた街角」を開催。

撮影場所：シネマ・ジャック＆ベティ、横浜光音座、飯田橋ギンレイホール、目黒シネマ、シネマノヴェチェント

TICKET

8 1/2
ブリキの太鼓
ハロルドとモード
DIRECTED BY
Retrospective

絶賛上映中

場内禁煙

光音座1
光音座2
光音座
10時30分開館
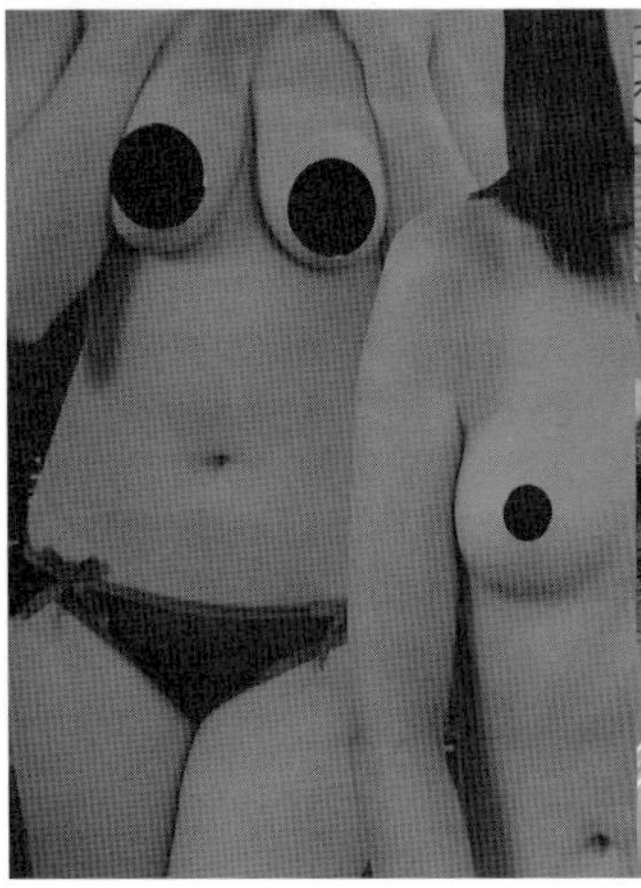

OP
新東宝

名画座
ギンレイホール
麻雀

入口
只今割引中！
競馬
全レース
放映中
大人の娯楽の殿堂
横浜光音座

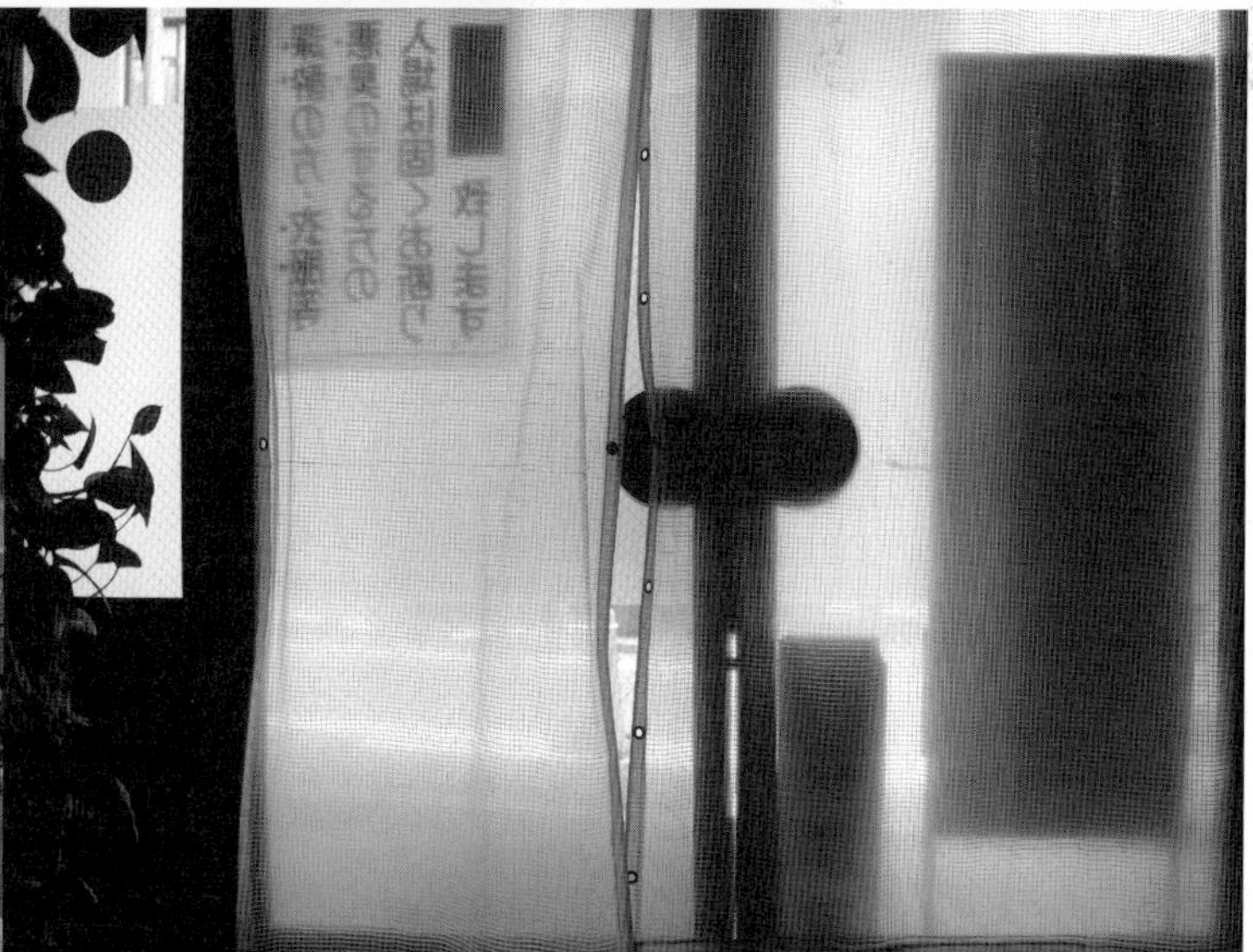

未来よ　こんにちは
マイ ビューティフル ガーデン
午後8時の訪問者
おとなの事情
ハクソー・リッジ
パトリオット・デイ
上映中

館内禁煙
FRANK

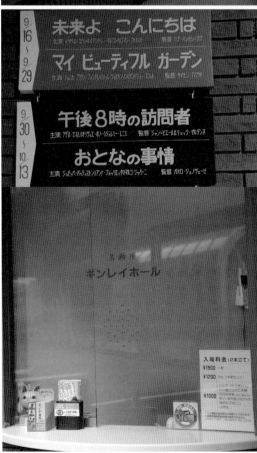

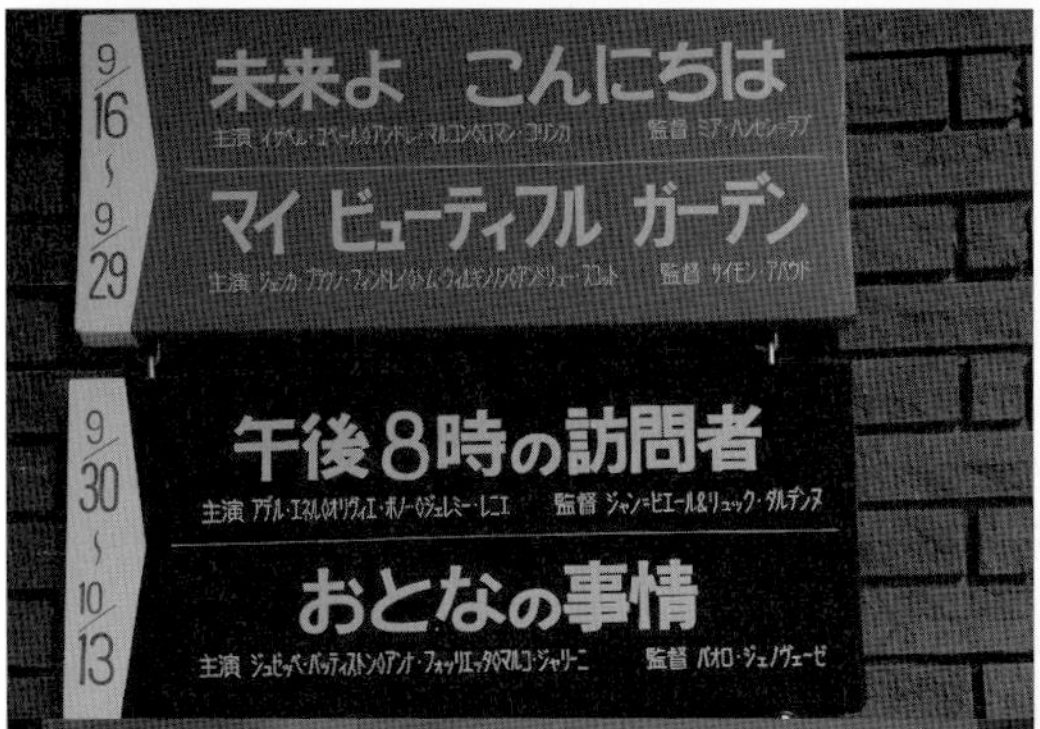
9/16～9/29
未来よ　こんにちは
主演 イザベル・ユペール◇アンドレ・マルコン◇ロマン・コリンカ　監督 ミア・ハンセン=ラブ
マイ ビューティフル ガーデン
主演 ジェシカ・ブラウン・フィンドレイ◇トム・ウィルキンソン◇アンドリュー・スコット　監督 サイモン・アバウド
9/30～10/13
午後8時の訪問者
主演 アデル・エネル◇オリヴィエ・ボノー◇ジェレミー・レニエ　監督 ジャン=ピエール＆リュック・ダルデンヌ
おとなの事情
主演 ジュゼッペ・バッティストン◇アンナ・フォッリエッタ◇マルコ・ジャリーニ　監督 パオロ・ジェノヴェーゼ

名画座
ギンレイホール
入場料金（2本立て）
¥1500 一般
¥1200
¥1000

お手洗
近日上映

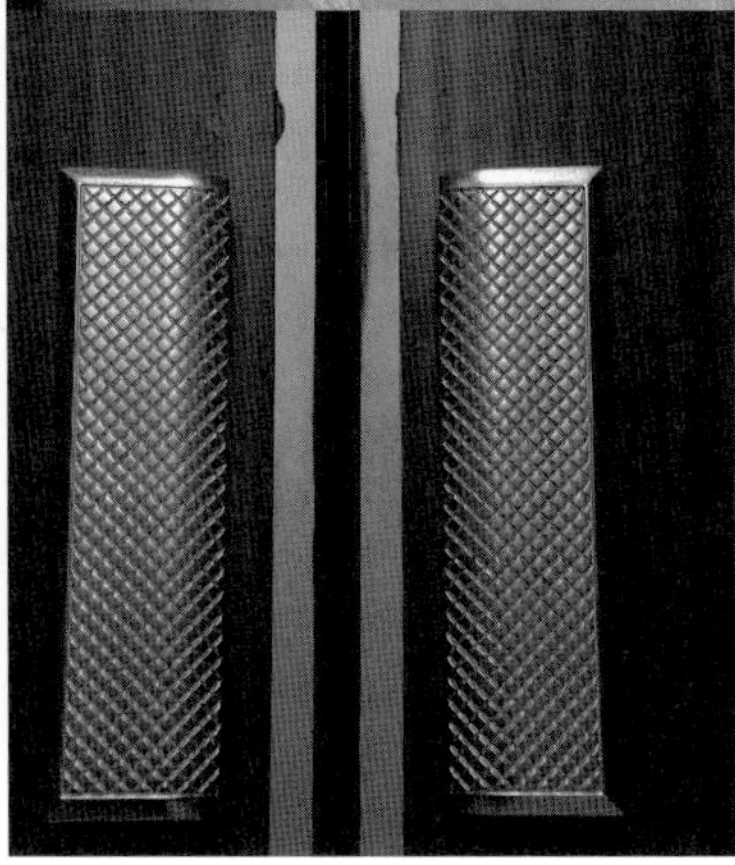

cine

MEGURO
cinema

LA LA LAND
MEGURO CINEMA

夜明け告げるルーのうた
10月14日(土)～10月20日(金)
22年目の告白
模倣犯
10:30 15:05 19:40
12:45 17:20

入場券売場

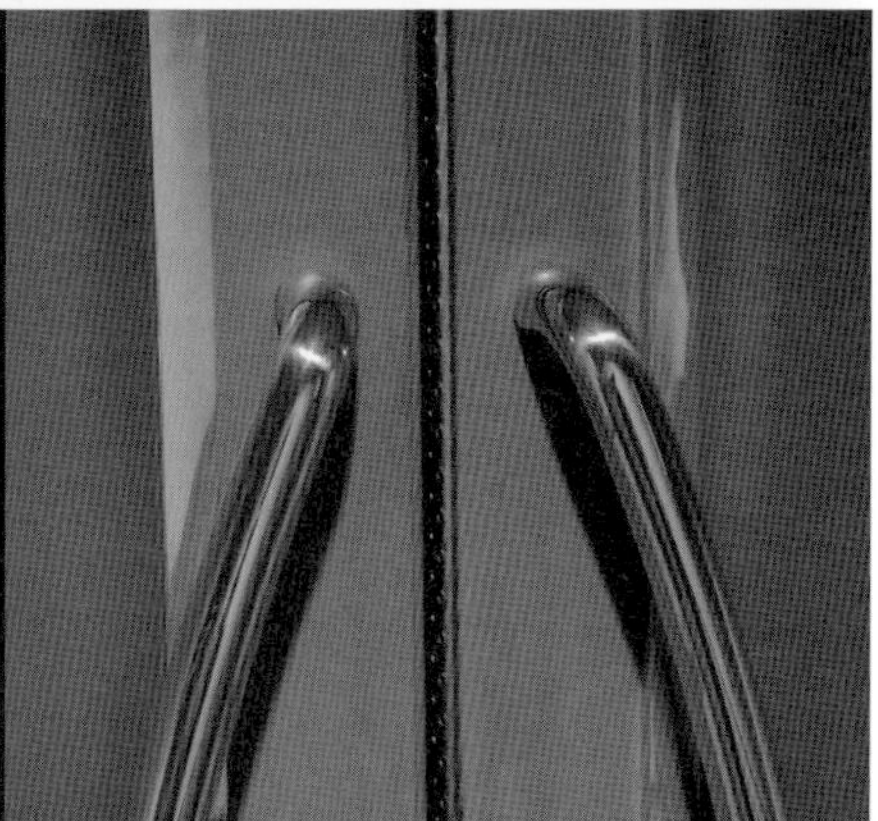

第4回

映画館探訪

取材
柳下美恵
（サイレント映画ピアニスト）

秋田・御成《おなり》座

秋田のハチ公の故郷としても有名な大館市。駅前にある御成座（座席数210）は1952年に洋画の二番館として開館したが、55年の大火で消失、同年再建された。60年頃に洋画の封切館になり、98年頃より成人映画と一般映画を交互に上映するようになった。映画全盛期の大館には映画館が8館あったが、2005年6月に大館最後の映画館、御成座の灯が消えた。14年7月18日、9年ぶりに切替義典代表が映写機の音を響かせた映画館＝御成座。17年に行なわれた3周年応援イベントでお話をうかがった。

柳下　今年7月に3周年を迎えましたが、どうやって開館にこぎつけたのですか？

切替　私は千葉に住んでいたのですが、大館で長く（映画館とは別の本業の）仕事をすることになったので事務所と社員寮を借りようとしていました。借りる物件をなんとなく決めかねていて、たまたま御成座の前を通りかかったら、貸物件と書いてあって来てみたんです。ドアが全部ぶっ壊れて、バリケードみたいに板が張ってあるところを外して、懐中電灯をつけて中に入ってから初めて「映画館じゃん」みたいな。不動産屋さんに聞いたら「映画館ですよ」って。小部屋がたくさんあって、社員や自分も住めるなあと。それよりもスクリーンや椅子もあるし、ここで映画観たいなあって。でも最初は電気も通ってないから気持ち悪いじゃない。翌日にまた社員と内見に来たら「こんなところを借りるんですか」って。でも借りることにして、意思表示しなきゃと僕一人で泊まっていたんですよ。電気は通してもらったけれどインバータが壊れてしまっていて照明も点くところしか点かず、とりあえず布団を買ってきて、2階の映写室の隣の部屋で、映画のDVDをずっと流しながら電気をつけっ放しで寝ました。だけど物音がするし、眠れないんですよ。結局、車の中で寝ました。その後も掃除をして、人がいる雰囲気になるまでは寝れなかったですね。泊まるのは僕だけだけど、仕事が終わってから社員が手伝いでペンキを塗ったり、入口の扉を直したり、売店を作ったり。元電気屋の社員がいたので電気を直してくれたりしたんです。

柳下　その人は今どこに？

切替　彼は宮崎県で仕事をしています。

柳下　社員さんは全国にいるんだ。副業なんだか本業なんだかわからないけど、優秀ですね。

切替　御成座復活の時も、銀行からお金を借りるとか貯蓄を崩してとかではなく、経費を節約して費用を捻出したんです。僕は千葉と大館を行き来するのに毎月20万円くらい使っていたんですけど、高速をやめて下道で千葉まで15、6時間かけて（笑）。

柳下　奥様にはオープンに至るまで経緯の報告をしていました？

切替　あんまりしていないです。なにかやっているらしいと言うのは(妻も)知っていて。オープンする時に家族を千葉から大館の事務所（御成座）に呼び寄せたんです。家族は犠牲ですよ、だって千葉に新築を建てて5年くらいで引っ越し。子どもも転校して、トイレも遠いし埃だらけの汚い劇場の建物で。

柳下　すごいですね。その決断と実行力がなければここはない。

切替　真面目に考えたらやれないですね。オープン前に地元のシネクラブに相談したら「個人的にはうれしいけど現実的に採算は合わないからやめたほうがいいと思います」と言ってくれたんです。映画館がどんどん潰れてデジタルに変わっている時代に、ここはフィルム映写機しかないわけで、とりあえず3ヶ月くらいはやってみようと。あまり深く考えず動き出す性格なので。

柳下　もう3周年ですよ。

切替　掃除して少しずつきれいになっていくのを見て、一人で映画を観るのはもったいないって気持ちが浮かんできたんです。廃墟だった御成座にまたお客さんが来たらすごいんじゃない？って。映画館がある。動くかどうかわからないけど映写機もある。

柳下　でもノウハウはないから、具体的にどうするかわからないですよね。

切替　わからないです。ちょうど本業の社員募集に応募してきたうちの一人に東映に勤めている経歴があったんです。その人は不合格だったんだけど（笑）、本業の社員じゃなくて映画館のために動いてもらったんです。まず、映写機が使えるか調べてもらったら、近所の映画館という映画館に電話しまくって、当たり前ですが全てに断られて。例えばコンビニがオープンすることになった時、近所のライバル店に電話して「うちの冷蔵庫が壊れてるんですけど見てもらえませんか」って聞いても、誰も見ませんよね（笑）。でも、うちは最初は何にも分からないので、藁にもすがる思いでした。結局たどり着いたのが東京の映写機業者。業者の方に来てもらったら動いたんですよ、映写機が。でも営業業務で使うなら映写技師さんじゃないと無理だと思うし、整備しなきゃいけなくなっても部品がないから壊れたらその時点で終わりですよとかなり脅され、映写技師を探さなきゃって。

柳下　それで「春オープン、映写技師募集」の貼紙を。（オープン前の）2013年の秋、私は弘前の仕事の道すがら、知り合いに「趣のある映画館があったんですよ」と御成座に案内された時、入口でその貼紙を見つけて思

劇場内に展示されているカーボン式映写機

わずツイートしました（笑）。

切替　本業の仕事柄、いろいろな家に行くので、「映写技師さん知りませんか」と毎日聞いていました。「おじいちゃんが映写技師だったけど死んじゃった」とか「おじいちゃんがやっていたけどもう102歳」とか。その中にいたんです、当時89歳と言っていました。「40年ぶりに映写機に触る」と言ってね。1時間でいいからと頼んだのだけど、本人も楽しくなってしまって結局6時間もいたんですよ。「御成座で（映写技師を）やってくれませんか」と頼んだものの「年齢的に厳しいかな」と言っていました。でも、後から聞いたのだけど、家に帰ってから彼は「またやってみたい、来年はできるかな」と以前より元気になったんですって。でも亡くなっちゃったんですよね。ほかにも、オープンの時に、昔、夫婦で映画館をやっていたという女性が来てくれて、映写室を見せると泣くんですよ、亡くなった旦那さんとの昔の苦労が思い出されて。大事にとってあった形見のレンズを使ってもらえないですかって。そのうちに僕も映写を覚えて、やれるかもという気持ちになりました。壁に何回かぶつかったんですけど、不思議な力が働いてオープンまでトントン進んじゃった感じですね。オープンしたら地元の方やお客さんが「次はつぶしちゃなんねえ」って心配してくれて。立ち上げた時の映写技師さんが辞めた時は、俺が映写をやるしかないじゃんと、何回も練習しました。でも配給会社に俺が（映写を）やると言ったら「ちょっと待って」と。すぐに、閉館した新橋文化劇場のスタッフだった遠藤健介さんを「行かせます」と連絡が来ました。俺の腕を信用してない（笑）。全国を旅して回っていた遠藤さんが、翌日にはもう大館に入って、今は住み込みで2年半くらい経つかな。彼は『真夜中のカウボーイ』を上映している時に来たんですよ。

柳下　3年やっていて「もうやめようか」って思うこともあると思うんですが、続けられるのは人との出会いがあるからですか？

切替　昔観ていた映画の監督に実際に会えるなんて、本業だけをやっていたら一生できないから楽しいですね。僕は映画がすごく好きなんだけれど、名画座は行ったことなかったんです。どちらかというとハリウッド作品が好きで。

柳下　御成座にはマイナーな番組編成もありますが、あれは遠藤さんですか？

切替　遠藤じゃないですか？　この世界に入って初めて「映画館を好きな人」がいっぱいいるんだなって（笑）。古いニュースフィルムも、御成座の〝座〟の看板文字も、遠藤が（建物のどこかから）見つけて来たんです。アヤシイところ、真っ暗なところに「なんかあるかもしれない」って入っていって。御成座のすごいところは、時代に逆行した一見無駄なことを復活してみたらウケちゃった。訪れた人はレトロと言う。もっとレトロに、と絵看板を手描きして。今準備しているのは、拡声器を付けた宣伝カーを走らせる。そう言うのが今の御成座にはピタッとはまる。千葉から移住してきた素人が、東北の雪国で映画館をやってるぞって、SNSで知った全国からの応援がうれしいんです。

［2017年7月13日　御成座ロビーにて］

（上）劇場正面　（下）劇場内のポスターコレクション

静岡シネ・ギャラリー

静岡駅からほど近い寺の前に不思議な建物がある。臨済宗妙心寺派宝泰寺《ほうたいじ》住職の藤原靖爾氏が1995年に作ったサールナートホール。2003年12月、この3階に静岡唯一の単館系映画館、静岡シネ・ギャラリー1、2（客席数50人／55人）が出来た。17年のお盆、副支配人の海野農、川口澄生両氏にお話をうかがった。

柳下　静岡シネ・ギャラリーの成り立ちを教えてください。

海野　１９９５年に、向いにある宝泰寺の住職が昔の寺子屋のような、地域で集う場を作れないかと考えたのが発端だったようです。このあたりに2千人規模のホールはあったのですが、市民が活動しやすい２００人くらいのホールはなかったので建てたらしいんです。ただここは宗教施設ではなく、あくまでも株式会社として独立しています。

柳下　住職は本も出していらっしゃる。

川口　はい。ここが生きていく上での精神的な豊かさを得られるような場所であればと。住職は支配人も兼ねているんですよ。

柳下　でも現場は副支配人のお二人で仕切ってるんですね。入社はどちらが先ですか？

川口　海野くんが先です。

海野　数ヶ月差です。常設の映画館としてシネ・ギャラリーが出来た翌年の２００４年に、二人ともアルバイトから入ってそのまま。もともとサールナートホールは多目的文化施設として上映会や演奏会が行なわれていて、その中で一番（お客さんが）入ったのが映画の上映会だったんですね。でも週末にイベントが集中すると上映ができないので、ホールとは別に常設館を作ろうと、3階の貸し会議室を改装して静岡シネ・ギャラリーがつくられたのです。当時はフィルム映写機で、私たちはチケットもぎりとかフィルム映写とかやっていくうちに社員になり、サールナートホールの運営にも携わっています。映画は非常に（お客さんが）入っていたみたいですね。

柳下　２００３年当時は競合する映画館がなかったから？

川口　ある程度、分母があるところにミニシアター作った。静岡県は美術館、博物館、科学館、舞台芸術センターなどは整っているけど、ミニシアターを作って商売にしようという興行会社はなかった。逆にメジャー作品しか観られなくて、私はそういう街にコンプレックスを持って若い頃に東京へ出ました。こういう劇場が出来て今の若者は恵まれてるなあと思ったんですけど、若者なんて全然来ないですね（笑）。

柳下　客層は最初からシニアですか？　若者が来るのはどういう作品？

海野　若者をメインターゲットに据えている作品はもちろん、クラシック映画やリバイバル上映にも。自分が若者だった時も行っていたので、そういう作品に来てくれると嬉しいです。それこそ柳下さんが弾いた『アイアン・ホース』なんかの時に。

左が海野さん、右が川口さん

柳下　二人ともシネフィルですか？

海野　観るのが好きというより、今は見せるのが楽しくなりました。

川口　見せるのが好きだからここに残っています。

柳下　どういう作品選定をしていますか？

川口　オーナーがオーナーなので、エロ・グロ・ナンセンスは最初から外しますけれども、アニメーションもいわゆるアートアニメだったら上映することもあるんですよね。ただ土壌が育っていなくてお客さんがあまり来ないので、機会が少ないのは残念ですけど。

海野　静岡くらいのスクリーン数ならば、他の劇場で観られる作品を上映する必要はないんじゃないかなと思うのです。

柳下　他というとシネコン？

川口　七間町をぶらぶら歩く通りという意味の〝七ぶらシネマ通り〟と言われる場所があるんですけど、シネ・ギャラリー開館当初は、そこに東映直営館も含めて7館（17スクリーン）ありました。今の静岡市はシネコンが2館（19スクリーン）と既存館が1館（5スクリーン）ありますが、当館の編成はそこで上映されない作品が中心です。

海野　サールナートホールはホールにあったフィルム映写機は残し、デジタル映写機を入れました。シネ・ギャラリーはフィルム映写機を外してデジタルに入れ替えました。

柳下　決断したんですね。

川口　けっこう粘ったね（笑）。

海野　フィルム映写には思い入れもありますし。

川口　『アバター』の年をデジタル元年とするならば、自分たちがフィルム映写技師の最後の世代になることはなんとなく予想できたけど、こんなに早いとは思わなかったです。

柳下　これまでの印象的なエピソードは。

海野　僕らが最初に映写を教えてもらった時に「今日は映写がよくできたとか、そういうことじゃないんだ」と。「お客さんはその時一回きりなのだから、

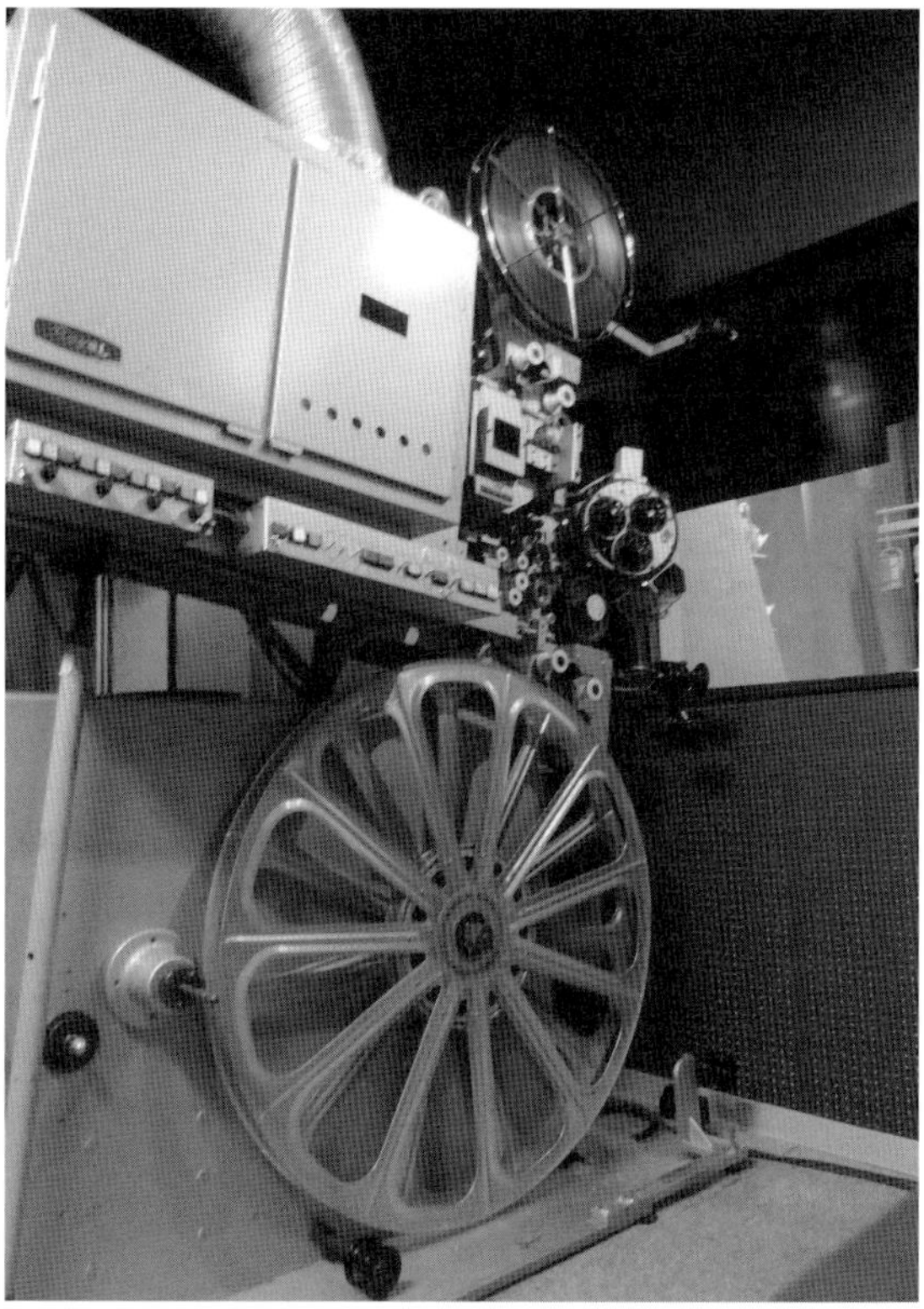

（左上）劇場前の上映中ポスター　（左下）静岡シネ・ギャラリー、スクリーン2客席　（右）サールナートホール1階ホール映写機

常に同じ水準で上映するのが仕事だから」と言われて。客席の出口近くに映写室があるので、上映後に映写スタッフがドアを開けてお見送りするんですけど、観た直後のお客さんの顔を見れるので、それは得難い仕事だなあと。エンドクレジットに名前が並んでいる人たちはお礼を言われないのに。特別なエピソードというより、日常が嬉しいです。

川口　全く同感ですけど、いいことを思い返す時はフィルム時代に戻っていくんです。僕らにフィルムの映写を教えてくれた師匠がいて……もともとは豊橋のシアターサウンドサービスの鈴木弘之さんという方。

海野　映写のメンテナンスをいろんな劇場で請け負っていた必殺仕事人みたいな方。

川口　でも亡くなっちゃったんです、まだ42歳……仕事の苦労が重なったと思うんですけど。僕らが教えてもらった何でも屋さん。映画のことなら鈴木さんって、たぶん東海地区の劇場の人間なら誰でも知っている人だと思います。バイトのない週末は鈴木さんに付いて行って出張映写をやっていました。映写機って壊れるんですよね、その場で対処して今日はなんとか乗り切ろうぜ！ってすごく楽しかったんです。アルバイト時代にそんなことを、たぶん4年くらい。ここの映写機も閉館した映画館からもらってきて自分たちで組み立ててました。映写機の構造がなんとなくわかってきた頃、ある施設の館長が「映写機のランプがつかない。お客さんが千人も入っているのに」と、じきじきにうちの劇場に相談に来たんですよ。現場へ行って映写機を触ってみたんですが僕も原因はわからなかった。でも電源を落として触っていたら、ランプがついたんですよ。すごく感謝されたんですけど、そんなことがあったとは当然お客さんは知らない。黒子の美学にちょっと酔って、あれはいい思い出でしたね。

海野　『トリノ、24時からの恋人たち』かな。主人公がシネフィルの男の子。最初のモノローグで「映画館で、僕は最前列に座るんだ、映写機から投影されてスクリーンにあたった光を一番最初に浴びたいんだ」というモノローグがあって。僕らって映写室という一番遠いところにいて、存在は悟られないけれどここから生まれた光をみんな観ているんだと。後ろを振り返ってもらって拍手されたり感謝されたりする必要は全然なくて、お客さんはみんな背中を向けて前にだけ集中して。

柳下　究極をいうと私もそう。イタリアのポルデノーネ無声映画祭という歴史のある映画祭ではピアニストがオーケストラピットに入って見えないんです。それが一番いいなって。観客を見ながら映す気持ちは？

海野　いいものですね、あれは。

川口　うん。なんなのでしょう、背中で泣いているのも笑っているのもわかりますしね。

柳下　お二人の夢、劇場をどうしていきたい？

海野　一番大きいのは、残したいということ。最低でも、僕らの代からバトンを渡すくらいは。ここがあることで、静岡で面白いことをやろうという人がいるかもしれない。

川口　じゅうぶんやったんじゃない？って思われたくない。まだやるべきことはあるんじゃないかというのを、お客さんも僕ら自身も考えていくことじゃないかなって。頑張りたいねえ。

［2017年8月16日　静岡シネ・ギャラリー楽屋にて］

御成座《おなり》
秋田県大館市御成町1-11-22
☎0186-59-4974

静岡シネ・ギャラリー
静岡県静岡市葵区御幸町11-14
サールナートホール3階
☎054-250-0283

柳下美恵（やなした・みえ）

愛知県生まれ。サイレント映画ピアニスト。武蔵野音楽大学卒業。ジャンルを横断した文化の拠点、スタジオ200に勤務後、サイレント映画の伴奏に携わる。デビューは1995年、朝日新聞社主催の映画生誕百年祭「光の誕生 リュミエール！」。国内、海外の映画館、映画祭などであらゆるジャンルの映画を伴奏。ピアノ常設館、横浜シネマ・ジャック＆ベティで1週間上映するなどサイレント映画の通常上映を目指している。2006年度日本映画ペンクラブ奨励賞受賞。海と温泉を愛する鎌倉市民。

THE PIANO & CINEMA
サイレント映画の名作に、柳下美恵が即興でピアノ伴奏を行なう上映イベント。横浜シネマ・ジャック&ベティでは年2回、一週間上映して連日伴奏をしている。次回は2017年12月9日～15日に開催。

執筆者・スタッフ プロフィール　（五十音順）

秋山京子（あきやま・きょうこ）
1967年、静岡県生まれ。グラフィックデザイナー。コンピューター会社デザイン部勤務の傍ら、小笠原正勝主催の「映画演劇デザイン塾」を受講。2000年よりフリーランス。主に映画関係全般の宣材デザイン、DVDパッケージデザイン等を手がける。

植草信和（うえくさ・のぶかず）
1949年、千葉県生まれ。70年、キネマ旬報社に入社。91年に本誌編集長、96年に取締役編集主幹に就任。キネマ旬報本誌600冊、その他ムック、書籍50点を編集。2001年、中国映画『山の郵便配達』を輸入。02年、キネマ旬報社退社。04年、角川文化振興財団アジア映画資料準備室室長就任。06年、映画製作・配給会社の太秦株式会社を設立し専務取締役に。14年、太秦株式会社非常勤顧問。同年、広島市映像文化ライブラリー評議員。

小笠原正勝（おがさわら・まさかつ）
1942年、東京都生まれ。グラフィックデザイナー。東宝アートビューロー（現・東宝アド）では演劇のデザインを担当。76年、フリー。ATGの映画ポスターを制作、『股旅』はカンヌ国際映画祭ポスターコンクールでグランプリ受賞。また岩波ホールのエキプ・ド・シネマや、フランス映画社のバウ・シリーズのアートワークに携わる他、歌舞伎座を始めとする演劇ポスターも数多く制作。本誌「ジャックと豆の木」では企画・責任編集を務める。

海保竜平（かいほ・りゅうへい）
1967年、京都市生まれ。幼少期をナイジェリアで過ごす。多摩芸術学園・写真学科（現・多摩美術大学・芸術学科）卒業後にイギリスへ渡る。帰国後フリーランスに。ポートレイト、CD ジャケット、ライヴや俳優のアーティスト写真等を撮影。料理写真や旅行雑誌の分野でも活動中。また、歌舞伎役者・中村獅童氏をデヴューの頃から撮り続けている。自ら書いた文章と現地で撮影した写真による「指差し会話シリーズ・イギリス×ビートルズ」（情報センター局刊）の著作あり。

小林幸江（こばやし・さちえ）
1980年、長野県生まれ。フリーライター。印刷会社に営業として勤務後、編集プロダクションにてインテリア誌の編集、制作会社にて広告ディレクションなどを経てフリーランスに。広告、雑誌等で編集やライティングを行なっている。好きな映画はハル・アシュビー監督『ハロルドとモード 少年は虹を渡る』。2児の母。

坂崎麻結（さかざき・まゆ）
1988年、神奈川県生まれ。杉野服飾大学卒業後、ファッション・カルチャー誌「NYLON JAPAN」編集部に所属。2013年よりフリーランスの編集・ライターとして主にカルチャー、音楽、映画、ファッションの雑誌やウェブ媒体にて執筆。2017年より篠宮由香利、草薙しおりと共に寫眞文藝誌『アイネ』を創刊し、写真や文芸作品の発表も行っている。
mayusakazaki.com

助川祐樹（すけがわ・ゆうき）
1980年、茨城県生まれ。写真家。

塚田泉（つかだ・いずみ）
1964年、長野県生まれ。フリーライター。大学卒業後、出版社、編集プロダクション勤務を経てフリーランスに。「キネマ旬報」、「ELLE JAPON」、劇場用パンフレットなどに寄稿する他、ときどき編集も。2人の娘あり。

沼田梓（ぬまた・あずさ）
1985年神奈川県生まれ。映画美学校映像翻訳講座2015年度演習科修了。2015年より横浜市内のミニシアターに勤務。2016年よりこども映画教室スタッフ。

野村志保（のむら・しほ）
1978年、埼玉県生まれ。98年の小笠原正勝ポスター展をきっかけに「映画演劇デザイン塾」に参加。デザインとイラストレーションを学ぶ。2000年、映画『私の骨』の盛岡ロケのスタッフとして撮影に同行。以降、工芸、企画など様々な仕事を体験する。現在、映画のこと、本のこと、カフェと集いの“場”を計画中。

はらだ たけひで
1954年、東京都生まれ。絵本作家、岩波ホール企画・広報担当。高校卒業後、現代思潮社主宰「美学校」で現代美術の松澤宥氏に師事。75年に岩波ホール入社。89年、「パシュラル先生」（産経児童出版文化賞入賞）で絵本作家デビュー。92年、「フランチェスコ」で日本人初のユニセフ=エズラ・ジャック・キーツ国際絵本画家最優秀賞受賞。絵本・著作のほか、挿画作品も多数。映画では佐々木昭一郎監督『ミンヨン 倍音の法則』の企画・プロデュースを担当。

李潤希（り・ゆに）
1988年、東京都生まれ。明治学院大学芸術学科映像専攻卒。在学中よりフリーランスで映画と音楽の周りをうろつくグラフィックデザイナー、イラストレーター、映像作家。【Web】leeyuni.com

ジャックと豆の木

第5号予告（2018年3月発売）

リニューアル・大特集
〈映画、何でもベストテン！〉
監督、俳優、プロデューサー、脚本家、カメラマン、評論家、デザイナー、コピーライター、ミュージシャン、編集者、宣伝プロデューサー、観客、劇場支配人……映画に関わるすべての人が選ぶ、すべてのベストテン

映画上映の新たな可能性を求めて

横浜の映画人

映画館ロードムービー

その他新企画がいっぱい！

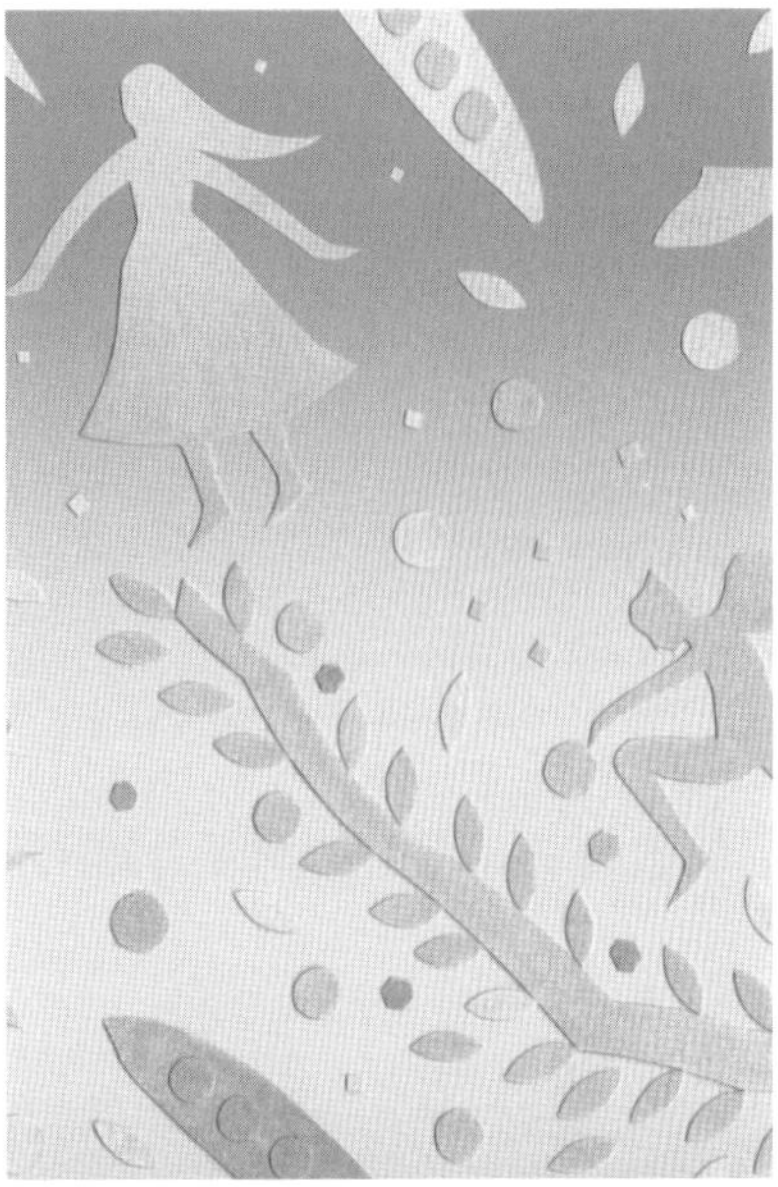

第3号（既刊・好評発売中）

日本映画界のスゴい財産
［BOW］とは何だ！

もっと映画を観たい！名画座は映画の学校

演劇と映画の狭間で

子どもが映画と出会うとき

横浜の映画人たち

映画館探訪

1,389円＋税

＊バックナンバーのご購入は
シネマ・ジャック&ベティ ネットショップ
http://www.jackandbetty.net/shop/
書店、劇場、ホール、ブック・カフェにて発売

編集後記

創刊号では「何が変わって 何は変わらないか」を基本テーマに、映画と映画界の展望を、歴史を振り返りつつ検証した。第２号は映画の表現とそれを取り巻く環境のなかでの映画の在り方を考えてみた。第３号は映画をどう見せるか、映画をどう観るか、見せかた、観かたを考察した。季刊として一周したことになる第４号（秋号）は、映画を様々な面から総合的に見つめたい。娯楽、芸術、ビジネス、表現……現在の映画とは一体どういうものなのか？いま文化の中でどういう位置にあるのかあらためて考えてみる。
次号から本誌のイメージを刷新しようと思う。もちろんタイトルやテイストは変わらない。どんなものになるか、リニューアルをお楽しみに。(M.O)

〈**資料提供**〉岩波ホール／コミュニティシネマセンター／メジャーリーグ／東京国際映画祭事務局／大竹洋子／丹羽高史／田井肇／エスパース・サロウ／ぴあフィルムフェスティバル／石飛徳樹／小野光輔／齋藤敦子／李鳳宇／和エンターテイメント（順不同）

映画と映画館の本
ジャックと豆の木
創刊4号

発行人	梶原俊幸
企画編集	小笠原正勝
編集	小林幸江 植草信和 山岸丈二 沼田梓 塚田泉 坂崎麻結
協力	ユーロスペース 岩波ホール コミュニティシネマセンター 東京国際映画祭事務局 北條誠人 齋藤英子 岩崎ゆう子 石井淑子 小泉美奈子
アートディレクション	小笠原正勝
デザイン	秋山京子 李潤希
撮影	助川祐樹 海保竜平 野村志保 山岸丈二

創刊4号　2017年 11月15日　発行
発行＝シネマ・ジャック＆ベティ
神奈川県横浜市中区若葉町3-51
TEL045-241-5460(代)　FAX045-252-0827

印刷＝プリ・テック株式会社
東京都文京区湯島2-7-16
TEL03-5800-8961(代)　FAX03-5800-4430

禁無断掲載